ジェロントロジー宣言
「知の再武装」で100歳人生を生き抜く

寺島実郎 Terashima Jitsuro

JN229676

NHK出版新書
560

ジェロントロジー宣言――「知の再武装」で100歳人生を生き抜く　目次

編集協力　日本総合研究所、三好正人
校閲　鶴田万里子
図版作成　原 清人
ＤＴＰ　㈱ノムラ

序　ジェロントロジー宣言

ジェロントロジー宣言

日本において、ついに八〇歳以上の人口が一〇〇〇万人を超した。異次元とも言うべき高齢化社会の到来を、これまでの政策科学・社会科学は予見してはいたが、その意味を理解した社会システム・制度の再設計に活かしてこなかった。

人類は「不老不死」を夢見て、医学・医療・薬学を発展させ、「健康長寿社会」の実現に突き進んできた。特に、戦後日本は「工業生産力モデル」の優等生として、豊かで安定した社会を目指し、大都市圏に産業と人口を集中させた。その結果として、大都市郊外に帰属組織から離れた大量の高齢者群を生み出し、世界でも突出した高齢化社会を生み出した。

だが、これまでの社会制度・システムは、高齢者を「余生」「第二の人生」という視界でしか捉えず、社会参画のプラットフォームを構想しないまま、今日に至った。「一〇〇歳人生」が語られる今、六〇歳前後で定年退職を迎えた人は、その後の四〇年を超える人生をどう生きるのであろうか。「ジェロントロジー」を高齢化社会工学と認識し、広い視界から社会総体のあり方、人間の生き方を探り、新しい社会構想を提起してみたい。この本は、そうした方向への第一歩にすぎない。

私は「高齢化によって劣化する人間」という見方を共有しない。もちろん、老化による身体能力の衰えを直視する必要はある。だが、人間の知能の潜在能力は高い。心の底を見つめ、全体知に立ってこそ、美しい世界のあり方を見抜く力は進化しうる。「知の再武装」を志向する理由はここにある。

「知の再武装」が必要な理由

現代に生きる一人ひとりにとって、「知の再武装」が必要とされる時代に突入した。一〇〇歳人生を視界に入れ、一人ひとりが一〇〇歳人生をどう生きるのかが問われているのである。

仮に六〇歳で定年退職したとして、目の前に待ち構えているのは四〇年という月日。六五歳になって高齢者と呼ばれるようになった時点でも三五年もある。「第二の人生」とはいうものの、「第一の人生」と変わらないほどの長い時間である。

これまで学んできた知識や、仕事で身につけた技術やキャリアがそのまま通用するほど甘くはない。自分自身と向き合い、意識して学び直しを行うことで、二一世紀の世界に対する視界を広げ、自分の立ち位置を理解する必要がある。「知の再武装」は全体知を身につけるために欠かせないのである。

一〇〇歳人生に耐えうるかと問われているのは、もちろん高齢者だけに限られることではない。毎日忙しい仕事に追われつつ、なかなか上がらない給料で家計をやりくりしながら、家族を養い、子どもを高校、大学へと通わせている中堅サラリーマンもそうである。

職場を離れたときに自分には何が残っているか、ふと不安に思うのは当然のことだろう。

働き先を求めて就職活動にいそしむ若者もそうである。まだ二〇歳そこそこの若者の前には、これから八〇年近い人生が待ち構えている。変化の激しい時代だからこそ、より広い世界認識、時代認識が必要になり、そのためには不断の「知の再武装」が欠かせないのは疑いようもない。そして、一〇〇歳人生に耐える布石を打つための道標としたいのが「ジェロントロジー」である。

ジェロントロジーとは

ジェロントロジー（Gerontology）は、英和辞書で確かめると「老年学」と訳されている。「geron」は老人・高齢者を意味するギリシャ語で、第二次世界大戦後にアメリカで生まれた学問体系の名称と説明されるのが通例である。

言葉の上では、高齢者のための学問のように思われるかもしれない。しかし、私は健全な高齢化社会を創造するためには、体系的な英知を結集する必要があると考えている。今後、日本が目指す社会のあり方や、一人ひとりの生き方を再構築するために不可欠のアプローチとして「社会工学（Social Engineering）」という視界が重要であり、その意味でジェロントロジーは「高齢化社会工学」と訳すべきだろうと考えている。

「老年学」という言葉の響きからは、何やら息苦しい老人社会の議論といったイメージが浮かぶ。なぜなら、一般に高齢化社会がテーマに掲げられるときは、社会的コスト負担の増大といった点に議論が集中しがちだからである。福祉、年金、介護などの社会的なコストから高齢化を捉えているのである。

それは決して間違ったことではないし、真剣に議論、構想されるべきことではあるが、高齢化社会はそれだけではないのではないか。高齢者を社会の外に置いて、福祉、年金、介護の対象として見るのではなく、社会システムの中にもう一度位置づけ直して、社会に参画し貢献する主体として高齢者が活躍できる社会づくりを考える議論が必要だろう。「老年学」という訳語からは、高齢化社会を体系的に解析し、前向きに制御していく意思が伝わらないのである。

幸せな社会を再構築するには

そもそも、「幸せな高齢化社会」など、実現可能なのであろうか。日本で初めて高齢社会対策基本法が施行されたのは一九九五年のことである。この法律は「老いも若きも共に支える温かい高齢社会」を謳《うた》っていたが、高齢化社会とは行政の「キレイゴト」に集約できるほど単純な話ではなくなってきた。

翌一九九六年には、高齢社会対策基本法に基づいて、政府が推進する高齢社会対策の中長期にわたる基本的かつ総合的な指針として、「高齢社会対策大綱」が閣議決定された。その後、二〇〇一年・二〇一二年と二度改訂され、二〇一五年には「一億総活躍社会」が掲げられるなかで、日本の高齢化社会の輪郭は混濁《こんだく》し、むしろ見え辛くなったと言える。

二〇一八年二月には「高齢社会対策大綱」は三度目の見直しがなされている。そこには基本的な考え方として、次の三つが掲げられている。

1. 年齢による画一化を見直し、全ての年代の人々が希望に応じて意欲・能力をいかして活躍できるエイジレス社会を目指す。

2. 地域における生活基盤を整備し、人生のどの段階でも高齢期の暮らしを具体的に描ける地域コミュニティを作る。

3．技術革新の成果が可能にする新しい高齢社会対策を志向する。

言葉としてはなんとなく理解できても、そこから本当に幸せな高齢化社会の実現が見えてくるだろうか。背後にある思想自体は薄いもので、必ずしも時代状況を的確に捉えているとは言えないだろう。

これを言葉の遊びではなく、現実のものとして実現するには、もう一度、社会構造の変化を視界に入れて、大きな構想力と枠組みでもって高齢化社会を議論しなければならない。年金や福祉などの経済的な安定の問題から、医療や介護などの体の健康に関する問題、認知症や不安といった心の健康に関する問題、さらに、高齢者の参画プラットフォーム形成まで、人間社会総体に及ぶ議論を本格的に始める必要がある。

統計の数字を見て、高齢者が今後ますます増えて、社会的なコストの負担をどうするかといったたぐいの議論を超えて、人間社会総体に及ぶ全体知としてのジェロントロジーの議論をすべきである。その上で、二一世紀の日本社会のあり方をどう考えるか、構想力とその実現へ向けての心構えが必要になってくる。

詳しくはのちの章で議論するが、本書で最も大きな問題として指摘したいのは、都市郊外のニュータウンに住む都市新中間層の高齢化が急速に進んでいることである。戦後日本の社会や産業構造の変化の中で大量に生み出されている高齢者の実像を、冷静に見すえておく必要がある。その上で、高齢者のための社会参画のプラットフォームとして、食や農、エネルギー、教育、子育てなど、社会の安定に寄与する分野での貢献を促す仕組みを整えねばならない。

これまでジェロントロジーとしてよく議論がなされてきた分野は、加齢に伴う医学や社会科学、金融などの分野である。多くの成果にもかかわらず、ほとんどは社会的コスト負担の議論に終始している。しかし、実際には高齢者の社会参画へ向けたプラットフォームづくりまで射程に含めると、極めて広い分野での議論が欠かせないものになるだろう。一人ひとりが何をどのように学んでいくかという問題もある。高齢化社会に立ち向かうには構想力と心構えが必要であり、これまでとは違う新しい視界が求められているのである。

第1章　異次元の高齢化社会とは

異次元の高齢化への想像力

どんな時代にも高齢者は存在した。今の高齢化社会の問題はどこにあるのかをえぐり出すためにも、まずは議論の入り口として、「異次元の高齢化」というキーワードを提起したい。

改めて言うまでもなく、日本がいま直面している社会構造の変化の中で、最も重要な要素は高齢化である。少子高齢化社会の到来については、すでに長い間、議論が続けられ、常識となっている。さまざまな行政の白書でも、必ず冒頭に掲げられる枕ことばのようなものになっているほどである。そのため、誰もが理解しているつもりになっている。

しかし、ここであえて「異次元の」という形容をつけて、日本社会がこれまでとは異なる局面に入りつつあることを自覚しておきたい。「異次元」の部分に着目することで、私たちがこの社会のあり方を深く考え直すヒントを得たいと思うのである。

イマジネーションを膨らませるために

戦後日本に生まれ、二〇世紀後半の経済発展を支え、すでに六五歳以上の高齢者となっている日本人の平均的な姿として、いわゆる「団塊の世代」の人たちの成長過程を振り返ってみよう。団塊の世代は正確には一九四七〜四九年の生まれである。

この世代が高等学校を卒業する年齢の一八歳に到達するまで、家族として彼／彼女を取り巻いていた大人は、両親、そして父か母の両親である祖父母二人、つまり合計で四人程度の肉親だったであろう。複数世代が大家族で暮らすのが普通で、なかには伯父や叔母、さらにはその家族も同居していたかもしれない。兄弟姉妹は数人いるのが一般的であった。親の職業の多くは、統計的に見ても、第一次産業の農林水産業を営んでいる人が半分程度という状態だった。

私自身も団塊の世代であり、そうした同級生たちの家庭を実際に多く見てきた。その一方で、私は今、多摩大学の学長として入学式や講義などで今の一八歳の若者たちを前に話をする機会が頻繁にある。彼らはちょうど二〇〇〇年ごろの生まれであり、二〇世紀から二一世紀に移る世紀の変わり目に生まれた世代である。彼らが生まれて、今までどのように暮らし、どのような光景を見てきたかをよく考えるのである。

二〇〇〇年には少子高齢化がすでに進み、彼／彼女を取り巻く大人は両親と祖父母、そして存命中の曾祖父、曾祖母までを含めると少なくとも七〜八人にも上るようになっていた。同居しているか否かは別にして、彼／彼女は大勢の肉親の大人によって見守られ、育ってきたのである。

兄弟姉妹はいても一人が普通で、多くは一人っ子である。親のほとんどはサラリーマンで、勤務する企業の業種は第二次産業よりも第三次産業の方が多く、のちにも触れるとおり、典型的には都市郊外のベッドタウンに住む都市新中間層である。そうした彼／彼女はこれから大学を卒業し、企業に就職する。両親はまだ現役世代としても、当分の間は祖父母、曾祖父母の世代と並走していくことになる。

マーケティングの世界の俗説として、少子高齢化の時代には、子どもの数が少なくなり、子どもに関わるビジネス、例えば「おもちゃ」は売れなくなるだろうという見方があった。

しかし、これは間違いで、おもちゃは子どもの数に比例して売れるものではなく、大人の数に比例して売れるのである。したがって、一人の子どもを取り巻く大人が多くなると、「毎日が誕生日」のごとく大人たちがおもちゃを買い与えるため、おもちゃビジネスは、少子高齢化を追い風とするのである。つまり、話は単純ではなく、人口構造変化は柔らかく受け止めねばならないのである。

人口減少と地域格差の進行——数字を直視する

基本となることを確認するために、どれほど予想を上回る勢いで日本の人口構造が変化してきているか、数字を見ながらしっかりと認識を踏み固めておきたい。

総務省統計局の統計によると、二〇一八年六月一日現在、概算値による日本の総人口は一億二六五二万人である。日本の人口がピークだったのは二〇〇八年の一億二八〇九万人で、すでに約一六〇万人が減少している。つまり、福岡市、神戸市、川崎市級の都市が一つ消えたと言えるほど人口減は加速しているのである。

問題はその内訳である。総人口一億二六五二万人のうち、高齢者と呼ばれる六五歳以上は三五四五万人、八〇歳以上は一一〇二万人に上る。六五歳以上がすでに全体の二八・〇%に上ることにも驚くが、八〇歳以上が一〇〇〇万人の大台を二〇一五年に突破し、その後も増え続けていることに、さらに大きな衝撃を覚えるだろう。

ちなみに世界保健機関（ＷＨＯ）の定義では、六五歳以上を高齢者と呼び、全人口に占める六五歳以上の高齢者の割合が二一％超の社会を「超高齢社会」と呼ぶ。つまり、日本において超高齢社会はすでに現実のものとなっているのである。

数えで七〇歳を「古稀《こき》」と実感を込めて呼べたのは、遠い昔の話である。現在、一〇〇歳以上の人口は七万人に上る。以前であれば、一〇〇歳以上の高齢者はごく稀《まれ》で、家族だけでなく自治体を挙げて長寿を祝ったものである。二〇一七年には、聖路加《せいるか》国際病院名誉院長だった日野原重明《ひのはらしげあき》先生が一〇五歳で亡くなったが、一〇〇歳以上をどう生きるかといったことも普通に考えるべき時代になっている。

戦後日本においては、一気に人口が増加した。このときに生まれた団塊の世代は、戦後生まれの日本人の先頭となって走ってきた。そうした世代が今や六五歳以上になり、日本の高齢化を加速させていることは、言うまでもない。

これから社会がどう変わるのか。このことを議論するときに具体的なイメージを膨らませるためにも、比較的近い二〇三〇年を例として考えてみたい。国立社会保障・人口問題研究所の「日本の将来推計人口（平成二九年推計）」の予測を見ると、二〇三〇年には六五歳以上は三七一六万人、八〇歳以上は一五六九万人となっている。一〇〇歳以上は一九万人となり、二〇万人に迫る勢いである。注目したいのは総人口で、すでに減り始めている人口は、二〇三〇年には減少の趨勢《すうせい》がはっきりと現れて、一億一九一三万人（ピーク比で約九〇〇万人減少）にまで下がっていく（次頁・図1－1）。

「少子高齢化」は今後さらに加速し、二〇五〇年（中間値）には日本の人口は一億人に迫り、一〇〇歳人口は五三万人、八〇歳以上人口は一六〇七万人、六五歳以上人口は三八四一万人（総人口の三七・七％）という状況を迎えると予測されている。

社会構造の変化を見失わないこと

「図1－1」で示したように、日本の人口が一億人を超えたのは、前回の東京オリンピックの二年後の一九六六年のことである。この年は日本にとってエポックとなる重要な年で、一人当たりGDPが一〇〇〇ドルを超えた。一〇〇〇ドルは発展途上国の段階を脱したと評される値であった。

その後、人口は一億人からさらに増大し続け、経済も右肩上がりで成長を続けた。一人

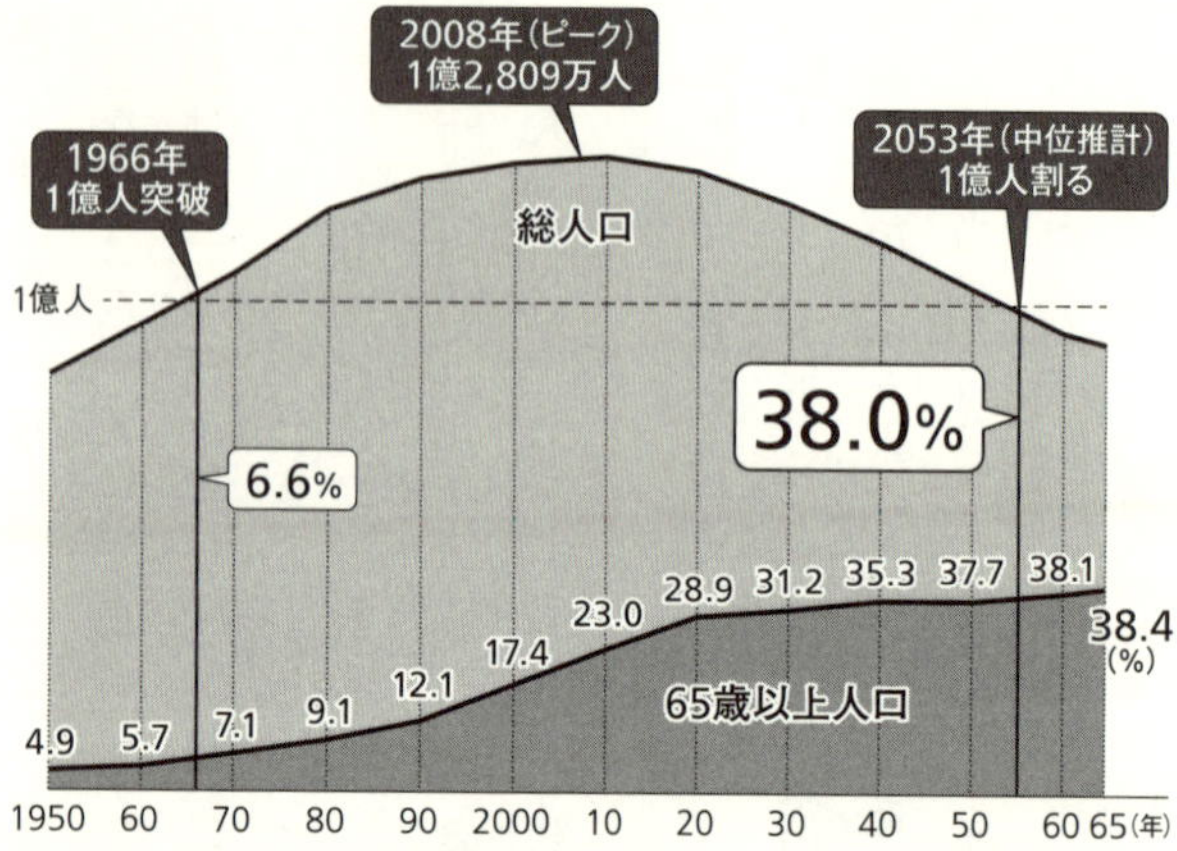

年	総人口（万人）	65歳以上（万人／%）	80歳以上（万人／%）
2018（6月1日）	12,652	3,545	1,102
		28.0	8.7
2020	12,533	3,619	1,161
		28.9	9.3
2030	11,913	3,716	1,569
		31.2	13.2
2040	11,092	3,921	1,578
		35.3	14.2
2050	10,192	3,841	1,607
		37.7	15.8
2060	9,284	3,540	1,774
		38.1	19.1
2065	8,808	3,381	1,703
		38.4	19.3

図1-1　日本の総人口・65歳以上人口比の推移

出典：2015年までは総務省「国勢調査」。2018年は総務省「人口推計」。2020年以降は国立社会保障・人口問題研究所「日本の将来推計人口（平成29年推計）」の出生・死亡中位仮定による推計

当たりのGDPは急速に増加し、一九八一年には一万ドルを突破。一九六六〜八一年までのわずか一五年間で、一人当たりのGDPは一〇倍になったのである。

もちろん、この間には一九七一年の米ドル紙幣と金との兌換《だかん》一時停止（ニクソンショック）を契機に、日本を含む主要国は変動相場制へ移行し、円の価値が見直され、ドルに対して円が強くなったことも大きく影響している。いずれにしてもこの一五年間は、戦後の日本経済の急発展を象徴する右肩上がりの時代だったのである。

日本の一人当たりGDPが二万五〇〇〇ドルだったのは一九九〇年であり、のちにバブル経済のピークと言われた年である。このころから人口増加は鈍り始め、総人口は先述のごとくついに二〇〇八年にピークアウトした。今後、急激に人口が増加に転じることは考えにくいとすると、私たちは日本の総人口の山頂に立ち会った世代と言うこともできよう。

二〇一一年には東日本大震災という大きな悲劇もあり、先にも述べたように、二〇〇八年から二〇一八年のわずか一〇年の間に総人口は約一六〇万人も減少している。今後、少子化対策がどの程度効果を発揮するかにもよるが、日本の総人口は二〇五三年前後に一億人を割るという流れの中にある。

総人口を単純に数字だけで考えると、四二年間をかけて一億人が一億二八〇九万人になり、また四五年をかけて一億人に戻るということになる。しかし、社会構造は大きく異なる。日本の人口が一億人を超えた一九六六年、六五歳以上の比率はわずかに六・六％であった。つまり高齢者は六六〇万人しかいなかったのである。これから一億人を割ると予想される二〇五三年には、四〇〇〇万人に迫る六五歳以上の人口を抱えることになり、同じ一億人でも意味がまるで違うのである。

企業の経営者は何かにつけて口癖のように「発想の転換が必要だ」と言う。しかし、一九六六年から二〇〇八年までの四二年間に人口が二八〇〇万人以上増加するというサイクルを前提に組み立てていたビジネスモデルは、次第に通用しなくなっている。二〇〇八年からすでに人口が減り始め、二〇五三年までの四五年間に人口が二八〇〇万人以上減少する、というサイクルを前提としたビジネスモデルに切り替えていくのは、それほど容易なことではない。

発想の転換は、企業の経営者だけに求められていることではない。異次元の高齢化に合わせて一人ひとりのライフスタイルをどう切り替えていくのか、日本全体の社会システムをいかに改革していくのか、変えていくのか。一人ひとりの生き方から日本全体の社会構造まで、ものの見方を本当の意味で転換していかなければ、変化に追いついていけなくなっているのである。

世界の中でも日本の高齢化は際立つ。国連の人口推計（二〇一七年改訂版）によれば、二〇一五年の時点で、六五歳以上の人口比率で日本の二六・〇%は飛び抜けており、先進国と言われる国で日本に次いで高いのがドイツの二一・一%で、フランス一八・九%、英国一八・一%、アメリカは一四・六%である（図1－2）。

	2015年	2050年
日本	26.0	36.4
英国	18.1	25.4
ドイツ	21.1	30.7
フランス	18.9	26.7
アメリカ	14.6	22.1
中国	9.7	26.3
韓国	13.0	35.3
インド	5.6	13.4

図1-2　世界の高齢化の現状と将来
［65歳以上人口の比重（%）］
出典:国連世界人口予測（2017年改訂）

ちなみに、中国は九・七%、韓国は一三・〇%にすぎない。この高齢化率は、二〇五〇年の予測で日本は三六・四%となっており、世界的に高齢化が進行すると見られ、韓国は三五・三%、中国は二六・三%と一気に高齢化が進む。また、ドイツ三〇・七%、フランス二六・七%、英国二五・四%、アメリカ二二・一%になると予測されている。

つまり、日本の異次元の高齢化社会への対応が、世界にとっても重要な先行モデルになるわけで、だからこそ日本におけるジェロントロジー研究が重大なのである。特に、急速な「産業化」による人口構造の変化をもたらしている東アジアの中国、韓国などにとって重要な示唆となるであろう。

一〇〇歳人生に耐えられるか

一人ひとりの生き方から、もう一度、異次元の高齢化社会を見つめ直してみよう。序で触れたように、ジェロントロジーの最も重要なテーマが「知の再武装」であることの意味が理解されるはずである。

先日、知人から聞かされた話である。彼は大手企業の海外支店長を任されるほどの人物であった。六〇歳で定年退職したあと、次の職を探そうとハローワークを訪ね、「あなたのマーケットバリューを診断します」というテストを試しに受けてみたというのである。定年前は、海外赴任手当なども含めると年間一五〇〇万円どころか、それ以上の収入を得ていた人物である。企業から離れたからといっても、自分のマーケットバリューは一〇〇〇万円近くはあるだろうと高をくくっていたという。

どんな能力を持っているのかを問われ、取引に必要な交渉から一通りの事務までを行えること、さらには英語もかなりできることなど、自分にとって有利と思える能力を列挙した。ところがマーケットバリューを算定した結果を見ると、そこには年収二六〇万円という数字が踊っていて、大いにショックを受けたというのである。

彼が立派なのはそこからである。算定結果にふてくされて、こんな数字なら努力をするのはもうやめた、とは言わなかった。自分のマーケットバリューはそれぐらいだろうと冷静に受け止め、「これではダメだ、本物の力を身につけなければ」と発奮したのである。経済的人間としてキャリアを重視した市場価値だけではなく、本当の人間の価値とは何かと自らに問い直したところから、彼の「知の再武装」が始まったのである。

もう少し詳しく説明すると、こういうことである。これまで日本人の多く（特に男性）が描いてきた人生のシナリオは、企業や官庁などの組織に帰属しつつ、定年まで勤め上げることであった。こうした価値観からすると、最も安定した人生とは、評判のよい大学に入り、卒業と同時に大手企業などの待遇のよい就職先を見つけ、その組織に帰属して、有能な働き手として社会に貢献することであった。

しかし、どんな大きな企業に帰属していても、定年が延長されない限り、六〇〜六五歳の間にリタイアすることになる。退職後は「余生」であり、「第二の人生」という言葉が象徴するように、人生のおまけの部分という認識だったのである。年金支給が始まるまでのつなぎの期間をどうするかはともかく、老後は福祉の対象者として年金で生きていくライフサイクルが想定され、それを前提に社会システム全体が構築されてきた。

特に戦後生まれの世代は、一九六〇年の安保闘争から一九七〇年前後の全共闘の時代まで、戦後日本の政治の季節を越えて生きた。ところが社会に出るとともに「真っ赤なリンゴ論」と表現されるような現実にぶつかった。大学時代に共産主義や社会主義にどっぷり染まり「赤かったやつ」でも、会社に入ってきて一皮むけば真っ白になるというものだ。

彼らは入社とともに社員教育を受け、一人のサラリーマンとして社歌を歌い、その企業に一生を捧げるつもりで働くようになったのである。こうして経済中心の時代を生きてきて、それを支える企業戦士としてサラリーマンの都市新中間層が大量に生み出された。

しかし、大手企業を六〇歳そこそこで定年退職したあとは余生で、七〇代まで生きれば十分という時代はすでに過去のものである。

一〇〇歳人生とは、六〇歳の定年退職から四〇年を生きねばならない現実が待っているということである。かつて大手企業で働いていた、という思い出だけで生きていける時代でもなく、会社のOB会などでかつての仲間が寄り集まっていれば、先が開けるという時代でもない。

企業人として会社のために努力し、キャリアパスを歩んできた人は、定年と同時に組織の利害を超えたものの見方や考え方で武装し直すべき時代なのである。組織の利害を超えた価値観を次第に身につけなければならない。そのためには、自分で努力をして、組織の人間関係を超えた人的ネットワークを結成しながら、自らが納得できる新たな知見を生み出さねばならない。

長い視点で人生を組み立てる

これは必ずしも定年後だけの話ではなく、もっと前の段階から「自分はどのように生きるか」ということにもつながる。会社の人事異動で三〜四年おきに別のポジションに就いてばかりいると、退職したときに専門家としてのスキルや経験が何もない状態になりがちである。日本の会社システムは働き手に一見やさしく、実は冷たいシステムになっていることに気がつくべきなのである。

「知の再武装」は六〇歳を過ぎてからだけ必要なのではなく、企業の中で三〇代、四〇代、五〇代と齢《よわい》を重ねるごとに、新しい時代の空気を十分に吸収して、過去に学んだことをリニューアルし、強い問題意識を持って階段を登るように知を再武装していかねばならないのである。

つまり、会社生活の四〇年間も、これまでと同じでよいわけではなく、常に自分の体験を体系化する努力を怠らないことが大切になってくる。

二〇歳前後の若者の置かれた立場を考えると、一〇〇歳人生はよりいっそう重い話に見えるかもしれない。なぜならば、一〇〇歳人生が現実のものとなると、六〇歳を超えた人たちでさえ、これからの四〇年近くの人生を視界に入れて、どう生きていくかを模索するのは大変である。ところが、二〇代の若者にとっては、これからの八〇年間をどう生きるかが問われているからである。

変化が激しく、未来が予想しづらい時代にあって、これから八〇年の人生を構想するのは相当に難しい。かつてであれば、大学の学部で勉強したことを活かしながら、自分の問題意識や志向に適《かな》った職種や企業を見つけて就職すれば、それで軌道に乗れたであろう。多くの企業は年功序列で出世し、給与も上がり、定年まで勤め上げれば、人生の大きな部分は成し遂げられたという充足感も得られたはずである。

しかし、現在の二〇代の若者に問われているのは、これから八〇年間、どうすれば人生を満足に送ることができるかである。企業に就職して勤め上げたとしても、まだ人生の半分である。就職先を選ぶだけでは、とても人生のシナリオは描けないであろう。

現在、企業に就職した新卒者のうち三割が三年で転職していく、という統計がある。これは若者の職業に対する考え方や心構えが問題というよりも、産業構造として労働市場の流動性が高まっている側面が大きい。市場環境の変化に合わせた生き残りをかけて企業の変化も激しく、自分の就職した企業が一〇年後、二〇年後も同じ姿であるとは限らない。一歩先を見て、しかも多様化した職業の中で自分の進路、人生そのものを決めていかなければならないという難しさがある。

つまり、ジェロントロジーは高齢者のための知のあり方だけを考える学問ではない。むしろ若者にとってこそ、より長い視界で人生を組み立てていくために必要な学問だと言うことができる。ジェロントロジーはすなわち「知の再武装」だと言うのは、そういう意味である。

一〇〇歳人生を支える社会づくり

もう一つ指摘しておきたいのは、異次元の高齢化を迎えつつあるなかでの、社会システムの構築である。長寿化が進み、一〇〇歳人生が常態になるならば、社会システムもそれを前提として構想しなければならないだろう。

しかし、現状としては国家財政に対する年金・社会保障の割合が年々増大していくために、給付額を引き下げたり、支給開始の時期を遅らせたりすることが議論されるようになっている。一方で、公的年金に企業年金を組み合わせて人生を設計してみても、経済的に安定した状態で退職後の第二の人生を送ることは到底、期待できない状況になっている。

一人ひとりにとって、老後をどう暮らすかは大きな問題であり、後述する「金融ジェロントロジー」という言葉が登場してきている理由にもなっている。社会全体としても異次元の高齢化にふさわしいシステムを構築し、経済生活の基盤をいかに安定化させるかが、これまで以上に深く検討されなければならないのは当然のことである。

六五歳を過ぎても気力・体力ともに十分で、公的年金で静かに過ごすのはまだ先でもよいという人も多くなっている。仮に七五歳まで動けるとすると、最低でも定年から一〇年間、新しい視点で生産活動に参画できるような構想が必要になってくる。

社会システムから見ても、ジェロントロジーは高齢者と若者にとってだけでなく、まさに現在働き手の中心にいる壮年層、中年層にとっても極めて重要な視界である。四〇～五〇代の働き手こそ、真剣な問題意識を持たねばならない状況に置かれているからである。

世帯主が被雇用者である勤労者世帯（サラリーマン世帯）の世帯当たりの可処分所得の

ピークは一九九七年。それ以降、右肩下がりの時代に入り、すでに二〇年以上が経った。現在四〇代の勤労者にとっては、勤続年数によって一見給与は増えているように見えるかもしれないが、全体として世帯当たりの可処分所得を見ると、就職したころからずっと下がり続けていることになる。五〇代の勤労者にとっては、三〇歳になったころから、この状態をずっと見続けながら二〇年の時を重ねてきたのである。

この二〇年間の可処分所得を累計してみると、ピーク時の一九九七年のまま横ばいだった場合と比較して、私の試算では八〇〇万〜一〇〇〇万円低くなる。つまり、それをすべて貯金したとすると、現状よりも八〇〇万〜一〇〇〇万円多い資産を持って定年を迎えられるはずだったのである。

現在、典型的な四〇〜五〇代の勤労者世帯はそうした資産がないまま、子どもの教育に高額の費用がかかる時期に突入している。このまま可処分所得が大幅に上昇に転じることがなければ、貯金などの資産を持たずに退職後の生活を迎えることになる。一〇年前、二〇年前に定年を迎えた世代とは大きく状況が変わっているのである。

つまり、中年層にとってこそ、ジェロントロジーはまさに差し迫った問題なのである。

このことは、序でジェロントロジーは「高齢化社会工学」と訳すべきだと訴えたこととも関係している。このように考えてくると、ジェロントロジーは全世代にわたる重要なテーマだということがわかってくる。

第2章 最大の課題・都市郊外型の高齢化

——戦後日本の帰結として

戦後日本の就業構造の変化

　現在、日本で進んでいる高齢化は、単に高齢者が増えて人口に占める高齢者比重が高まるというだけの話ではない。その本質をはっきりと見つめるために、産業構造の変化に着目してみたい。というのも、どういう特性を持った人たちが高齢者になっているのか、という社会学的視座が重要だからである。特に、日本の高齢化は戦後日本の産業構造、社会構造の変化を投影しており、そのことを視界に入れなければ、「異次元の高齢化」の意味が理解できない。

　そこで、特に戦後日本がどういう性格の国をつくってきたのかを再確認しておきたい。敗戦後五年を経た一九五〇年、六五歳以上の人口は四・九％で、戦前（一九三〇年は四・八％）と変わらなかった。そして、就業人口の四八・六％が第一次産業に従事、まだ戦後の「産業化」は始まっておらず、二一・八％が第二次産業、二九・七％が第三次産業に従事していた（図２－１）。ここから「戦後日本」は動き始めたのである。

　現在、一般に六五歳以上を高齢者と呼んでいるが、その前提にあるのは、一五歳から六五歳未満を生産年齢人口とする考え方である。つまり、働き手と呼べるのは一五歳から六五歳未満であり、六五歳以上になると生産活動には携《たずさ》わらない存在（＝高齢者）とされるのである。

これはとりもなおさず、日本が戦後歩んできた「工業生産力モデル」による年齢の捉え方とも言える。この見方からすると、現在の日本は高齢者、すなわち非生産労働力が三五〇〇万人以上（全体の二八・〇％）も存在することになり、高齢化社会の議論が持つ独特の重苦しさの一因になっている。

総人口が一億人を突破した一九六六年は、戦後すぐに生まれた人が成人したばかりで、二十歳《はたち》そこそこの社会人として本格的に社会参加し始めた時期である。ちょうどそのころ、戦後日本の産業力を象徴する鉄鋼、エレクトロニクス、自動車などの製造業が育ち、工業生産力モデルが具体的な形で成果を上げ始め、いよいよ日本の経済発展を右肩上がりで牽引《けんいん》していくことになる。

	一次産業	二次産業	三次産業
1950年	48.6	21.8	29.7
1970年	19.3	34.1	46.6
1990年	7.2	33.5	59.4
2017年	3.4	23.8	71.2

図2-1　産業別就業者構成比の推移（%）
出典：総務省「国勢調査」「労働力調査」

生産力モデルの転換期

一九七〇年代初期まで、『経済白書』には「国際収支の天井」という表現が記されていたものである。「売れるものがないから、買いたいものも買えない」という意味であった。

戦後まもなくから一九五一年のサンフランシスコ講和条約締結のころまで、日本製品で海外に輸出できたのは、玩具やクリスマスツリーのランプなどの雑貨、三条・燕の洋食器ぐらいしかなかった。そうした製品の裏側には「Made in Occupied Japan」、つまり占領下の日本製という表示をつけて、必死の思いで外貨を稼いでいたのである。

そのほかには輸出して外貨を稼げる産業はなく、海外から買いたいものも我慢しなければならない状態が続いた。その後、少しずつ製造業が育ち、輸出できる品目が増えていく。しかし、外貨を稼ぐようになっても、増えた分だけ、海外から買いたかったものを輸入したため、輸出入の差である国際収支は天井にはりついたごとく、一向に改善しなかったのである。

一九七〇年、日本の高度成長が軌道に乗った大阪万国博覧会の年においても、六五歳以上の人口比重はまだ七・一％と、それほど大きな変化はなかった。しかし、就業人口構造は大きく変化し始めており、第一次産業比率は一九・三％に下がり、第二次産業が三四・一％に急増、第三次産業は四六・六％という状況であった。

国際収支の天井を突き破るために、より外貨を稼げる工業生産力を伸ばそうという努力の中から、日本企業の神話が生み出されていった。鉄鋼、エレクトロニクス、自動車といった外貨を稼ぐ産業が動き始め、日本は「工業生産力モデル」の優等生として高度経済成長期を走っていた。ソニー、シャープ、松下などの電子機器メーカーが、トランジスタラジオからスタートして、テープレコーダー、テレビ受像機などを製造し輸出して、外貨を稼いでいく。少し遅れて、トヨタ、日産、ホンダなどの自動車メーカーによって、車がアメリカ市場へ輸出されるようになり、売り上げを伸ばしていく。

その生産の現場を支える技術者や労働者、マーケティングから営業や流通、販売の部門で戦うビジネスマンたちまでを含めて、多くの職業が日本の工業生産力を前提にして成り立った時代である。

電子機器や自動車以外にも、いわゆる重厚長大産業である鉄鋼、造船、化学工業などをリードする大企業の本社は東京をはじめとする大都市に集中し、そこに全国各地から大量の若者が雇用機会を求めて集まるようになった。東京近郊にベッドタウンが次々と生まれ、大都市圏を形成しつつ、工業生産力と人口を集中させて、戦後日本は走り続けてきたのである。

一九九〇年、高度成長を経て日本経済がバブルのピークだった年、六五歳以上人口は一二・一％であった。就業人口構造は第一次産業七・二％、第二次産業三三・五％、第三次産業五九・四％と、工業生産力志向が一巡して「サービス産業化」の局面に入っていた。

そして二一世紀に入って「高齢化」が加速、二〇一七年には六五歳以上人口は二七・七％となり、就業人口構造も第一次産業就業者はわずかに三・四％となってしまった。特に、二一世紀に入って、第三次産業就業者が拡大、二〇一七年には七一・二％となった。とりわけ、看護・介護に従事する「医療・福祉」への就業者が急増しているほか、宅配業務を担う「運送」、ガードマンなどの「保安」関連の就業者が増加しており、就業構造は新たな局面を迎えている。

工業生産力によってＧＤＰをつくり出す時代から、サービス産業が成長して多様化し、いわゆる肉体労働からオフィスでのデスクワークを中心とした労働へと変わってきた。工業生産力によって作り出される有形財から、サービスによって生み出される無形財、つまり目に見えない財によって飯を食う社会へとシフトしているのである。

工業生産力モデルによる職業は、目に見える有形財を作ったり、それを効率的に流通させたり、販売したりしていく仕事だったが、現在では文化に関わることで付加価値を生み出すサービスに従事する職業が多くなってきている。

例えば、コンサルタント、アーティスト、デザイナー、プログラマー、SEなどの横文字の専門職が多くなっているのも、そうした多様なサービスが生まれている流れの表れと言えよう。現在、働き方改革で「高度プロフェッショナル人材」といった言葉が大きくクローズアップされてきている理由には、こういった背景がある。

都市新中間層の拡大と高齢化

もう一度、未来をはっきりとイメージするために、二〇三〇年の日本をシミュレーションしてみよう。一九五〇年生まれが八〇歳に、一九六五年生まれが六五歳になっている社会である。高齢者が増えて、全体の人口に対する比重が重くなるというだけの話ではない。どのような生活を送っている人が高齢者になっているかを考えてみたいのである。

一九六五年というと、東京オリンピックの翌年である。この世代は一九八五年のバブル期に成人を迎え、まさにバブルの絶頂期に青年期を送った。バブル崩壊後の一九九〇年から「失われた二〇年間」を過ごし、さらに二回目の東京オリンピックを挟んで、二〇三〇年まで現役で生きていくことになる。そして、高齢者と呼ばれる六五歳以上に差しかかっているのである。

戦後生まれの先頭に私の世代がいるとすると、一九六五年生まれまでの人たちが、工業生産力モデルの典型的な世代と言えるかもしれない。我々の前後の人たちが、「金のタマゴ」として集団就職列車で東京に向かった世代であった。その結果、この世代が暮らしているのは、都市郊外型のニュータウンである。

戦後日本は、大都市圏に外貨を稼ぐ産業とそれを支える人口を集中させる形で高度成長期を走った。特に、首都圏には東京をベルトのように取り巻く国道一六号線に沿って、団地、ニュータウン、マンション群を建て、サラリーマンを住まわせた（図2-2）。

東京が最もシンボリックだが、大学に地方から集まってきた若者たちは卒業後も戻ら

図2-2　国道16号線沿いの団地

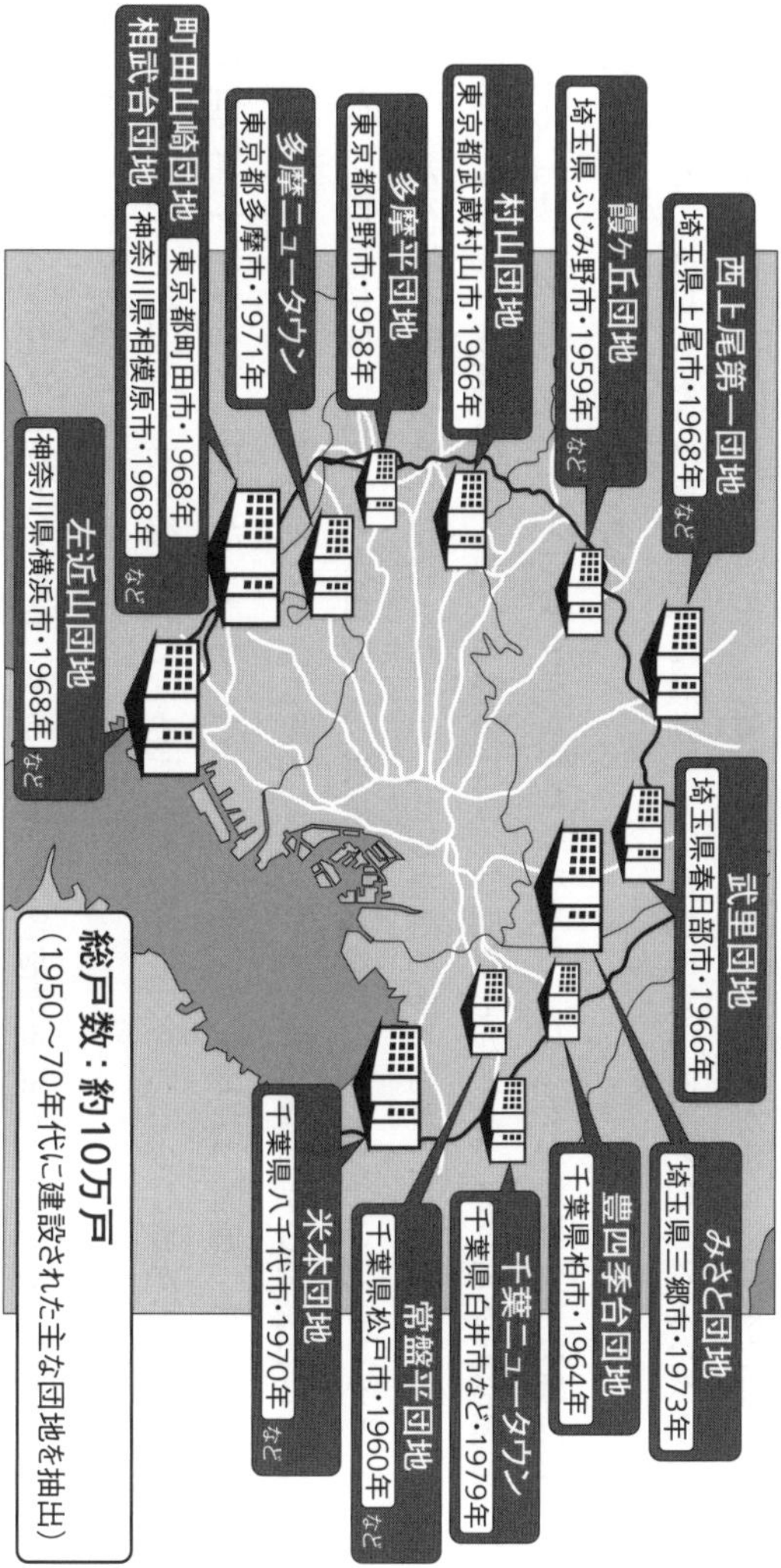
西上尾第一団地
埼玉県上尾市・1968年 など
霞ヶ丘団地
埼玉県ふじみ野市・1959年 など
村山団地
東京都武蔵村山市・1966年
多摩平団地
東京都日野市・1958年
多摩ニュータウン
東京都多摩市・1971年
町田山崎団地
東京都町田市・1968年
相武台団地
神奈川県相模原市・1968年 など
左近山団地
神奈川県横浜市・1968年 など
武里団地
埼玉県春日部市・1966年
みさと団地
埼玉県三郷市・1973年
豊四季台団地
千葉県柏市・1964年
千葉ニュータウン
千葉県白井市など・1979年
常盤平団地
千葉県松戸市・1960年 など
米本団地
千葉県八千代市・1970年 など
総戸数：約10万戸
（1950～70年代に建設された主な団地を抽出）

ず、都心の企業に就職して働き始める。やがて家庭を築き、子どもが生まれると、自分の住まいを持とうと住居を探し始める。そうして、住宅地が東京の中心部から急速に外へ広がっていったのである。

東京郊外を走る国道一六号線沿いに、まずは公団住宅、次いで少し豊かになったらローンを組んでマンションを買った。こうしてニュータウンが生まれ、国道一六号線沿いに巨大なコンクリート集合住居空間が誕生したのである。もし宇宙空間から持続的に観察していると、万里の長城に迫るような規模で、東京を取り巻くベルトゾーンにコンクリートのブロックの住居空間が急速に建設されていく壮観な眺めが見られたことだろう。

ニュータウンから東京の都心部への通勤には一時間以上かかる。それでも生活環境には恵まれ、「ローン・レンジャー」などと言われながらも、なんとか無理をすれば自分の住まいを持つことができたのである。

そして今、毎日のように東京都心に通勤していた都市新中間層と呼べる人たちが次々に定年を迎え、急速に高齢化している。工業生産力を支えた世代が定年退職期を迎え、大量の高齢化した都市新中間層を郊外に抱える時代に入ったのである。戦前のような農耕社会

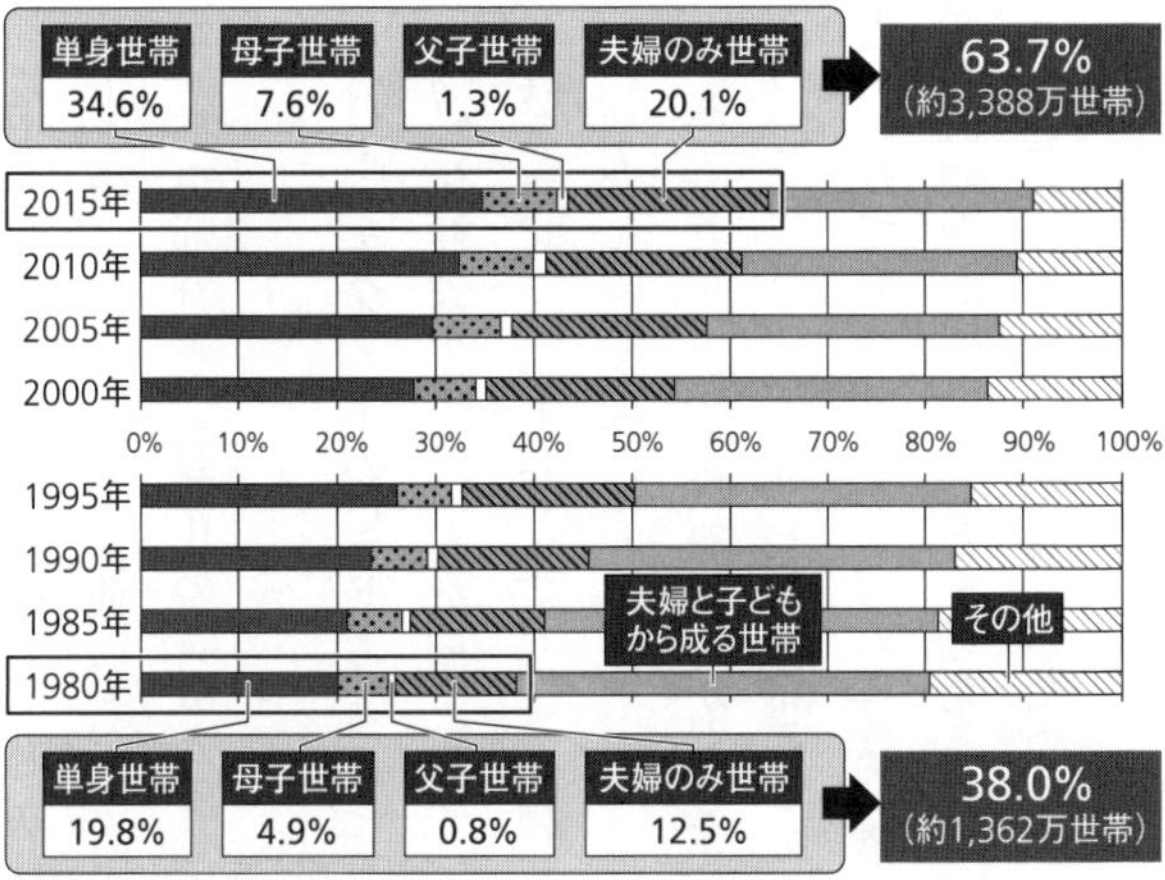

図2-3　世帯構造の変化
出典:総務省統計局「国勢調査」

における高齢者とは異なる社会的特性を身につけた高齢者が、大都市圏に集積している事実は重い。

ニュータウンの問題は、将来の発展の前提となる世代の交代という図式が崩れていることである。世帯構造の変化をグラフ（図2-3）で見ると、日本の「夫婦と子どもから成る世帯」と「その他」以外の割合は、一九八〇年の三八・〇%から二〇一五年の六三・七%にまで、急速に増えていることがわかる。

典型的な都市郊外ゾーンのベッドタウンでは単身世帯が多くなり、「単身世帯予備軍」と呼ばれる、親と同居する四〇歳以上の未婚者も増えている。わかりやすく言うと、団地やニュータウンというコンクリートのブロック空間に独居老人を閉じ込めたまま、地域社会全体が高齢化しているのが、都市郊外型の高齢化の特徴なのである。

シルバー・デモクラシーのパラドックス

高齢化社会が政治にもたらすインパクトについては、拙著『シルバー・デモクラシー』（岩波新書、二〇一七年）において問題意識を整理した。ここではポイントだけをコンパクトに紹介しておく。

二〇一五年には、投票年齢が引き下げられて一八歳以上となった。しかし、すでに総人口の約三割が六五歳以上の高齢者であり、有権者人口で考えると有権者の半分は高齢者で占められている。しかも、若者は投票に行かない傾向が今後も続き、これからますます高齢者の割合が増えることを考えると、実に有権者の六割は高齢者になっていく。そうなると「老人の老人による老人のための政治」という「シルバー・デモクラシーのパラドックス」が生じかねないのである。

これは日本だけの問題ではない。英国においては、二〇一六年のブレグジット（英国のEU離脱）の背景として、高齢者による意思決定が国民投票の結果を大きく左右したと考えられている。BBCによると、四三歳以上の人はEU離脱への賛成派が優勢で、四三歳未満の若い世代では反対派が優勢だった。つまり、若い世代が英国はEUに留まるべきだと言っていたのに対し、中年層から高齢者の多くが英国はEUを離脱するべきだと投票した。その結果、わずかの差ではあったが、EU離脱が決まったのである。高齢者の意見が大きな決定力を持って、英国の進路に反映されたのである。

アメリカのドナルド・トランプ大統領の登場もそうである。二〇一六年の民主党内での大統領候補の予備選挙では、若い人たちがバーニー・サンダース候補を支持して、ヒラリー・クリントン候補を追い詰める役割を果たした。そして、大統領選挙戦で、共和党のトランプと民主党のヒラリーが対決する構図になったときは、若い世代ではヒラリーがマジョリティをとったが、高齢者はトランプ支持に傾き、僅差によってトランプ大統領の誕生に至った。

英国もアメリカも既得権の維持や古きよき時代への回帰などの思いが、高齢者の判断にはあったと考えられる。根底には世代間の分配の歪《ゆが》みという問題が存在し、欧米でも「シルバー・デモクラシーのパラドックス」というべき事態を招いているのである。

エスカレートする社会の歪み

実はすでに日本でも、そうした世代間ギャップは政治の中に色濃く反映されている。注目すべきは、高齢層ほど安倍政権の経済政策であるアベノミクスを支持する構図になっていることである。

なぜなら現在、金融資産の大半を持っているのは高齢者であり、株価が上がる政策を打てば高齢者は拍手を送る傾向が強いからである。政権側はその点をよく理解していて、「異次元の金融緩和」の名のもとに日本銀行は株価指数連動型上場投資信託（ＥＴＦ）を年間六兆円のペースで買い入れ、年金積立金管理運用独立行政法人（ＧＰＩＦ）は公的年金の積立金を運用する形で資金の二五％を国内株式市場に投入している。日本の株価を大きく押し上げる方向へ自堕落にも傾いてしまっているのである。

「健全な資本主義」のあり方からすれば、禁じ手とも言うべき政策に迷い込んでいることはわかっているのだが、このカンフル注射は麻薬のようなものとなって高齢者をしびれさせているのだ。

本来、高齢者は思慮深いはずで、社会の安定勢力として機能すべき存在である。金融政策の歪みがもたらした「マイナス金利」についても、「勤勉、貯蓄が利息を生む」という経済倫理を毀損《きそん》し、金融政策主導で株価を上げることが自己目的化する危うい構図に陥っているのである。

この歪みはさらにエスカレートすると思われる。二〇一八年三月に国立社会保障・人口問題研究所が発表した「日本の地域別将来推計人口（平成三〇年推計）」（次頁・図2－4）には、改めて驚かされる。二〇一五年比で二〇四五年の全国の人口が一六・三％減少すると予測されるなか、東京だけがわずか〇・七％増加するとされている。秋田県の四一・二％減を最大に、青森県、山形県、高知県、福島県、岩手県では三割以上も人口が減ると予測されている。つまり、大都市圏への人口集中が進み、地方は一段と過疎化するということである。

しかも「七五歳以上の人口比重が二割を超す道府県が四三になる」という。こうした極

全国	−16.3	宮城県	−22.5
東京都	0.7	長野県	−23.1
沖縄県	−0.4	大分県	−23.1
愛知県	−7.8	富山県	−23.3
神奈川県	−8.9	茨城県	−23.4
埼玉県	−10.2	岐阜県	−23.4
滋賀県	−10.6	島根県	−23.8
福岡県	−10.7	宮崎県	−25.3
千葉県	−12.2	北海道	−25.6
広島県	−14.6	新潟県	−26.3
岡山県	−15.7	山口県	−26.3
大阪府	−17.0	奈良県	−26.8
石川県	−17.9	愛媛県	−26.9
兵庫県	−18.1	鹿児島県	−26.9
京都府	−18.1	山梨県	−28.3
熊本県	−19.2	和歌山県	−28.6
佐賀県	−20.3	長崎県	−28.7
香川県	−20.5	徳島県	−29.2
静岡県	−20.5	岩手県	−30.9
栃木県	−21.0	福島県	−31.3
三重県	−21.2	高知県	−31.6
群馬県	−21.3	山形県	−31.6
鳥取県	−21.8	青森県	−37.0
福井県	−21.9	秋田県	−41.2

図2-4　都道府県別の総人口増減率（%）［2015→2045年］
出典:国立社会保障・人口問題研究所「日本の地域別将来推計人口」（平成30年推計）

端な人口減と高齢化が予想される理由は、地方を支える産業がないからである。東日本大震災後の東北ブロックを見ても、食べていける産業が十分にないため、「帰りたくても帰れない」のである。「大都市の大都市による大都市のための政治」になる傾向が暗示され、突き詰めれば、「大都市圏の高齢者による意思決定」が重くなると言える。高齢化した都市新中間層がどう動くかが、これからの日本の運命を決めるのである。

かつての社会では、大家族主義の中、老人はやがて子どもに食わせてもらう関係が常態で、「老いては子に従え」という価値観が機能していた。しかし、都市郊外に集積した現在の高齢者は、子どもに食わせてもらうことを期待できる親子関係にある者などほとんどいない。子どもも親世代の資産を受け継ぐことを期待できず、自分たちのことで精一杯なのである。現代日本の社会システムは、工業化社会を前提につくられ、その結末としての大都市郊外型の高齢化に適合できなくなっているのである。

高齢化社会のあり方として、こうした政治のシルバー・デモクラシーのパラドックスを克服していく視点を探求することが必要であろう。後代の負担にならない、若い世代の人たちに高齢化社会がコストとなって負担とならないような、社会システムを実現していかねばならないのである。「高齢者の健全な形での社会参画のプラットフォーム」を創造することにこだわる理由が、ここにある。

高齢化社会における親子間の絆

最近、地方で議論していて感じるのは、農耕社会と戦後日本がつくってきた工業化社会、さらには、まさに今の高度情報化社会を比較すると、親と子、あるいは地方と都市の関係が大きく変化してきていることである。

地方の農耕社会には、最近でこそ大きく変わりつつあるが、大家族で畑作業をして食料を確保していく仕組みが残っていた。そこでは共同作業や技術の継承などにより、世代間のつながりが強固なため、それをベースにした高齢化社会を描きやすい。

かつて日本にあった儒教的な価値観、例えば「老いては子に従え」といった価値観が自然に定着していた理由は、背後に農耕社会があったからとも言える。

実際、子どもを産み育て、成人させたあとは、自分が歳をとると、今度は子どもたちが自分を養ってくれる、という期待を前提とした社会システムが存在していた。家族内で多少の軋轢《あつれき》や違和感があったとしても、ある面では世代間の協調が保たれやすい側面があったのである。

ところが戦後日本がつくった工業生産力モデルを前提とした社会システムでは、地方に両親を置いたまま、子どもは集団就職や大学入学のために都会に移り住み、そこで好きな人を見つけて結婚し、新しく家庭を築いた。そしてニュータウンに2DKの住まいを確保し、子どもが生まれると、父、母とその子という典型的な「核家族」のユニットが出来上がる。

「盆暮れ」という言葉があるように、お盆と年末年始には孫を連れて、ふるさとへと帰省する。こうして年に二回の里帰りで世代間のコミュニケーションはギリギリ保たれていた時代もあった。戦後歌謡は三橋美智也《みはしみちや》や春日八郎《かすがはちろう》から千昌夫《せんまさお》、吉幾三《よしいくぞう》など、一九八〇年代までは都会と田舎の応答歌であった。そういうコミュニケーションがあるから、ある年齢まで働いたら田舎に帰ったり、あるいは故郷から年老いた親を呼び寄せたりといったことができていたのである。

しかし、これからの高齢化社会を考えると、まったく異質なものになるだろう。団地やニュータウンではサラリーマンの第二世代が、すでに自立して家を出て、別の場所で共働きの核家族という小さなユニットをつくり、子どもを育て始めている。そういう第二世代にしてみると、親の住んでいる場所、大都市郊外は「田舎」、あるいは「ふるさと」と呼べるような場所ではない。

また、父や母に連れていってもらったり、話に聞かされたりした「田舎」は、祖父母や曾祖父、曾祖母が住む縁遠い場所となり、盆暮れに子どもを連れて押しかけられるような場所でもなくなっている。それどころか、のちに「宗教」について触れるように、田舎は「寺じまい」「墓じまい」の時代に入っており、都会と田舎は一段と疎遠な関係に向かいつつあるのだ。

しかも、実際に地方では人口減少が進み、地域を成り立たせていた農業などの第一次産業をベースにしたビジネスモデルや共同体が崩れてしまっている。そうなると、自分のルーツをたどって地方に移住して、新たに生活を始めることも不可能ではないにしても、相当の覚悟が必要になってくる。

重要なのは、農耕社会の高齢化と都市近郊型の高齢化とは違うということである。親子のつながりで言っても、私のような団塊の世代以降の日本人はこの先、息子や娘に食わせてもらおうなどと期待している人はまずいないだろう。

むしろ、息子や娘たちがこれからの時代、満足に食っていけるのかと心配する側になっている。実際、年老いた両親を食わせる余裕のある息子や娘はほとんどいない。息子や娘を頼って一緒に住もうにも、猫の額ほどの広さのマンションに住んでいるところに自分を引き取ってくれというのはまず不可能だろう。

大都市郊外型の高齢者の特質は、「インテリジェントなアクティブシニア」であると言われる。確かに、戦後日本の産業化（工業生産力モデル）を支えた人材であるため、高学歴であり、現役時代に日本産業のグローバル化を支えた。視野の広いインテリジェントな人たちが多いことも事実である。

それが、新たなギャップをもたらしていることを直視しておきたい。一つ目は、ジェンダー・ギャップである。ベッドタウンの住人である高齢者、特に男性の高齢者は、約一時間をかけて都心に通勤し、ベッドタウンの家には文字どおり「寝に帰っていた」のであり、地域のコミュニティとは疎遠であった。むしろ、女性の方が子どもたちとの関係を通じて、地域社会に関与してきたと言える。地域のコミュニティへの参画という意識において、ギャップが存在しているのである。

二つ目は、社会参画のプラットフォームのギャップである。例えば、「高齢者の就労機会の拡大」について、ハローワークなどで高齢者に提供される仕事の中身は、ほとんどが肉体労働・単純労働である。ホワイトカラーとしての仕事に従事してきた人たちにとっては違和感を覚えるものになっているのである。

つまり、自分の人生で積み上げてきたこととは異なる分野に踏み込むことになり、多くの場合、失望と違和感に苦しむことになる。インテリジェントなシニアを活かしきれないという現実があるのだ。

自制心を持って生きる

はっきりと指摘しておくと、これからの時代は高齢者の自立と自己制御が必要となるのである。イメージが湧きにくかったら、中国、台湾の状況をときどきウォッチしてみればよい。

中国はまだ発展が続いていて、過渡的な状況にあるため、年金の制度なども十分に整っていない。老後を年金だけで生きていこうとするのは無理である。いち早く年金制度が導入された日本でさえ、年金だけでは食べていけないのに、中国ではその何分の一以下かの年金しか期待できないのである。台湾で議論していても、「私たちにはほとんど年金なんかありませんよ」という話になるのが常である。

しかし、日本人の目からすると皮肉なことに、これらの国々では親子間の絆が強いように見える。年金制度が整っていない国では、両親は子どもが食べさせざるを得ないから、親子間の融和が維持されることになる。

逆に言えば、公的な年金制度のない時代のいわば保障にあたるのが親子関係でもあり、「自分が子どもを食べさせて育てたんだから、今度は自分が子どもに面倒を見てもらう番だ」という暗黙の了解が生きている。そのため、親子間の関係でも互いに自制心が働く。ギリギリのところで社会のバランスを保つストッパーとなっているのである。

ところが日本はすでに親子間のそうしたギリギリの自制心も崩れている。高齢者は自分の持つ資産次第で、余裕たっぷりの生活を送るか、老後破産してしまうかなのである。つまり、金持ち老人か貧乏老人かという、くっきりした二分化が進んでいて、社会構造そのものが高齢者の自立と自己抑制の中でしか築けない状況になってきているのである。

そして、そこにこそ、ジェロントロジーの議論が拠って立つ前提がある。「知の再武装」が必要というのはそういう意味である。

我々は、「高齢者は体力・気力も劣化し、学びの中から自己と社会システムを変革していく意欲も失う」という認識を払拭して、次世代に美田を残す賢さを身につけていかなければならない。

第3章　知の再武装

——なぜ必要か、そして何をどう学び直すか

人生の危機を乗り越える

第1章では進行する異次元の高齢化社会の実態について述べ、第2章ではその日本における問題点の本質が、都市郊外に住む都市新中間層の高齢化にあるということを指摘した。その問題意識に立ち、一〇〇歳人生と異次元の高齢化社会を睨みながら、一人ひとりが人生のプロセスで向き合うべき「知の再武装」について提起していきたい。

一〇〇歳人生が現実のものとなった今、ふと立ち止まって、自分自身がこれから過ごす年月の長さを思うとき、もし生きる目的や方向が定まっていなければ、将来の不安ばかりが大きくなり、長寿だからといって喜んでばかりはいられなくなるだろう。

そこで必要になるのが「知の再武装」である。先達が残した著作に生き方を学ぶのもよいだろう。誰にとっても、何らかの形で「中年の危機」は訪れる。「中年の危機」という言葉がふさわしくなければ、生涯の歩みの中で中盤から後半にかけて訪れる人生の危機と言い換えてもよい。

社会人になり、一〇年、二〇年と経つうちに、自分の人生を誠実に考えている人なら、「自分は本当にこのような生き方でよいのだろうか」と自問自答を繰り返すはずである。

そこから人生の深い闇に迷い込んでしまう人もいるが、そうした心の危機から脱するには二つの方法しかないというのが、私の現時点での結論である。この結論を導き出すプロセスとして『二十世紀と格闘した先人たち』『若き日本の肖像』（ともに新潮文庫）という二冊の本を書いたとも言える。

一つは人生の使命に気づくことである。「自分はこのために生まれたんだ」と覚悟が定まると、人間としての重心が下がってきて、迷いから脱却していく。自分に与えられた人生の使命を感じることは腹のくくり方の問題でもあり、危機から脱却するために必要なことである。

例えば、新渡戸稲造、内村鑑三、鈴木大拙といった日本の歴史に残る人物の歩みを調べてみるとおもしろい。時代と格闘し、後世に何かを残した創造的な人物は、必ずといってよいほど、人生の半ばで転機を迎え、そこから自分の歩むべき方向を見出していった。

もう一つは人との出会いである。「人間は人間が育てる」という言い方があるが、予想もしなかったような人との出会いが、自分の人生の使命感に目覚めるきっかけとなるのである。

それは自分が携わってきた仕事や職業に関係するとは限らず、偶然のきっかけによることもある。相手は専門家や教師の場合もあるが、友人だったり、人によっては異性だったりすることもある。「使命感の確認」も「出会い」も、単なる運や偶然ではなく、主体的に行動を起こすことで呼び込まれるとも言える。

のちに詳しく述べるように、私は定年後には一人一つのＮＰＯやＮＧＯに関わること、つまり社会的テーマに挑戦することを勧めている。「知の再武装」には、気づきの瞬間、今までの生活とは異なる次元での人との出会いが必要なのである。

戦後教育の限界を認識する

現在、高齢化が進んでいる都市新中間層はどのような教育を受けてきたのだろうか。自らの足元を見直すためにも、自分が受けてきた戦後教育の限界を冷静に認識しておきたい。

戦後の日本は、一部でエリート官僚を育てるための道すじを残しつつも、基本的には戦後復興と経済成長に大きな比重を置き、経済を支える人材を育てることに傾注してきた。

大学で言えば、経済学部、経営学部、商学部、理工学部などを充実させ、日本の戦後成長を支える即戦力を生み出すことに邁進《まいしん》したのである。その反面、世界をどう見るかといった総合知を鍛えるための幅広い教養や、ものの見方を学ぶ機会は希薄なものとなっていった。

戦後の高等教育による人材育成の方向性が大きく変わったのは、ベルリンの壁が崩れ、ソ連が崩壊して冷戦が終結したころからである。一九九〇年代にはアメリカ流の資本主義がグローバルスタンダードとなり、国境を越えて、ヒト、モノ、カネ、技術、情報が自由に駆け巡ると言われる時代になった。世界に通用する人材育成の必要性が叫ばれ、海外留学だけでなく、国内の高等教育の改革が進んだ。

主に海外進出や外資系企業に必要とされるＭＢＡ（経営学修士）を取得できるように制度づくりが行われ、また、各地の大学に次々と法科大学院が設立された。日本が直面するグローバル時代の人材育成を象徴する出来事として起きたのが、ＭＢＡシンドローム、そしてロースクールシンドロームだったのである。アメリカをモデルとする試みであった。

しかし、ＭＢＡとロースクールの卒業生を大量に送り出してみたものの、果たしてそれが本当に日本の次なる時代を切り開く人材を育てることになったのか。現在は深い反省期に入っていると言えよう。

私自身、多摩大学の学長として社会科学系の高等教育に関わって感じることがある。それは、米国流のカリキュラムでＭＢＡを取得した人が身につけたのは、投資運用やＭ＆Ａなど、専ら金融に関する特殊な技術やスキル（エクスパティーズ）に留まっているケースが多いことである。

また、アメリカ流の訴訟社会が日本にも訪れるからと、国際的に通用する弁護士を育てようとしたものの、弁護士の質の劣化と食べていけない弁護士を生み出したのが現状である。何よりも、次の時代の日本を担っていく人材としては齟齬《そご》があることに気づかねばならない。

戦後教育の限界を冷静に認識することの大切さを痛感する。なぜならば、人生の転機において「自分とは何か、どう歩むべきか」について考えるにあたって、学校で学んだことがほとんど役に立たないからである。

冷静に振り返ればわかることだが、例えば、戦前の日本で「大人になるために身につけるべき基本」とされた和漢洋の教養は、すっかり失われてしまった。専門家として日本や中国の古典を学んだ人を別とすれば、多くの場合は知的で教養のある人だと見られている人でも、和や漢についての素養は乏しく、洋についても中途半端な知識のレベルに留まっている。むしろ、それが戦後日本の求めた教養のあり方だったと思わざるを得ないのである。

江戸時代における知の基盤

これから一〇〇歳人生を生き抜くには、自ら「知の再武装」を行う必要がある。前の時代を生きた人間がどのような知を身につけてきたかを考えてみるとよいだろう。それはどの時代、どの地域においても、国家や社会にとって最大のテーマだったことがわかるはずである。

例えば、江戸時代の日本は「正学」としての儒学が幕府の知の基盤になっていた。儒学は幕藩体制のもと、武士を中心にした社会をしっかりと根づかせ、正当化するための大きな柱になっていたのである。

江戸時代の日本は、現代の私たちが思っている以上に、地方においても読み書き算盤を教える寺子屋が多数存在していた。主に藩士の子弟らを対象に四書五経《ししょごきょう》（四書「大学」「中庸」「論語」「孟子」、五経「詩経」「書経」「礼記《らいき》」「易経」「春秋」）などを教える私塾も各地に存在していたのである。日本の隅々にまで、儒教を中心にしたある種の知の基盤が出来上がっていたことに驚かされる。

例えば、明治時代に藤野厳九郎《ふじのげんくろう》という市井の医者がいた。少し長くなるが、藤野厳九郎と中国の作家である魯迅《ろじん》との交流について紹介しておきたい。

魯迅は一九〇四（明治三七）年から翌々年にかけて、中国人留学生として仙台の医学専門学校で学んでいた。そこでは藤野先生の解剖学の授業をとっていたが、藤野先生は魯迅の日本語がおぼつかないのを見てとり、講義ノートを持ってくるように指示し、授業のたびにノートに朱筆を入れて添削した。

魯迅はそのときの思い出をもとに『藤野先生』という短編を書いている。魯迅が死去する一九三六（昭和一一）年の前年に日本で『魯迅選集』（岩波文庫）が出版されたが、その編纂にあたって、魯迅自身がどうしてもこの作品だけは入れてほしいと指定した作品である。

日露戦争時の「母国中国が大国に抑圧されている現実」に傷つき、魯迅が失意のうちに仙台から去るときに、藤野先生は自分の写真に「惜別　藤野　謹呈　周君」と書いて贈った。「周君」とあるのは、魯迅の本名が周樹人だったからである。魯迅は中国に帰国してからもこの写真を机の前に貼って、終生手放さなかったという。

『藤野先生』はのちの一九二六（大正一五）年に発表されたものである。作家としての脚色も加わっている可能性もあるが、魯迅はその写真について「夜ごと、仕事に倦んでなまけたくなるとき、仰いで灯火のなかに、彼の黒い、痩せた、今にも抑揚のひどい口調で語り出しそうな顔を眺めやると、たちまち私は良心を発し、かつ勇気を加えられる」と書いている。

藤野厳九郎は一八七四（明治七）年に越前、つまり福井に生まれた。八歳のころから旧福井藩士の野坂源三郎の私塾に通い、漢籍、算術、習字を習った。愛知医学校を卒業後、仙台の医学専門学校で教えたが、同校はのちに東北帝国大学の医学部となる。愛知医学校しか出ていなかった藤野は教授と認定されず、故郷の福井に戻り、村医者として活動した。一九四五（昭和二〇）年の夏、雨の中を往診途中に倒れ、翌朝亡くなったという。終戦の目前で、きまじめな藤野は一切「ヤミ」に手を出さず、栄養失調だったという。

一九三六（昭和一一）年、魯迅逝去の報に際し、藤野は地元紙のインタビューを受けている。「なぜ、若き魯迅のノートを添削してあげたのか」と聞かれ、「少年時代に野坂源三郎先生から教えを受けた漢学によって、中国文化への尊敬と中国人への親しみを持つようになり、それを魯迅が親切と感じたのだろう」と答えている。かつての日本にはこうした人物が数多く存在していたのである。

魯迅が仙台で学んだ一九〇四（明治三七）年から翌年は、まさに日露戦争の最中である。日清戦争を経て、日本社会は中国を蔑視する時代の雰囲気にあったが、藤野自身も記憶に残らないほどのごく自然な日常的な判断が、一人の中国人留学生の心を生涯にわたって支えたのである。「日中友好」などという大仰な建前よりも、一人の市井の日本人の知見と行動が、日中の相互信頼の基盤を作り出したのである。

先にも述べたように、江戸時代の知の基盤は儒学である。徳川家康に登用された林羅《はやしら》山《ざん》以来、幕府は林家を「大学頭《だいがくのかみ》」として朱子学を統治の基盤とした。朱子学は南宋の朱《しゅ》熹《き》が興した思想体系で、明、清の両王朝の正統哲学であった。

一六九〇（元禄三）年には、江戸幕府第五代将軍の徳川綱吉によって湯島聖堂が建設され、のちに幕府直轄の学問所となった。実質的に儒教が幕府の正学となったのは、一七九〇（寛政二）年の老中・松平定信による「寛政異学の禁《かんせいいがくのきん》」と呼ばれる学問の統制令によってである。学問所では朱子学のみを教え、官吏任用試験には朱子学を用いることになった。こうして儒教は幕府の統治理念になるとともに、四書五経は支配層である武士の基本的教養となっていった。

もちろん、江戸期は儒学のみが時代を支配したわけではない。中国の学である儒教の流れに対して、日本人としての知の自立を志向したのが本居宣長《もとおりのりなが》らの国学である。宣長は「からごころを清く離れて古のまことの心を訪ね知ること」が大切だと説き、中国の四書五経を尊ぶ儒学に対して、『源氏物語』の「もののあはれ」の理解を通じて、日本古来の心のありようである「やまとごころ」に至ろうとした。江戸幕府の統治理念としての儒学に対する新たな問題提起として、本居宣長の国学が生まれたのである。

江戸期は鎖国時代だと言われ、あたかも世界の動きから隔絶していた時代のように思われがちである。しかし、その鎖国の中で、有史以来、日本が受けてきた中国の文明文化の影響から知的に自立しようという機運に満ちていた。

宣長は、医者を仕事としながら、日本の古典の研究を続け、静かに世を去った。その後、志を継ぐ形で文化年間から平田篤胤《ひらたあつたね》などが登場して、宣長の思想は「からごころ」の儒学を正学とする幕府を突き崩す理念的根拠となっていった。

戦前までは生きていた和漢洋の教養

明治時代になると、新政府は西洋の教育システムを取り入れ、近代化を支える人材を必死になって養成していく。富国強兵という言葉のもとに多くの軍人を育て、のちには道徳教育の根幹となる「教育勅語」を生むことにもなった。

「教育勅語」は「国家のために死ぬ人材」をつくる教本となったという意味で負の遺産が大きいものの、時代のニーズを受けて明治なる時代を支えた人材養成の問題意識が、そこに集約されているのも事実である。

戦前のエリートである旧制高校生たちが身につけようとした教養の方向感にも、同様の問題意識が見える。「和漢洋の教養」という言い方はまさにこの時代のもので、宣長の言う「やまとごころ」を表現する日本の古典にこだわり、一方では「四書五経」をはじめとする中国古典の素養を身につけようとした。

さらには旧制高校生が好んで歌っていた「デカンショ節」に象徴されるように、近代西洋思想としてのデカルト、カント、ショーペンハウエルらの哲学書をかじることが教養人だという空気が存在していたのである。

戦前には「末は博士か大臣か」という表現があったが、軍人を目指すこともエリートの歩むべき道の一つであった。それが松山藩の下級武士の息子として生まれ、友人の正岡子規を追って上京し、海軍兵学校を卒業した秋山真之《あきやまさねゆき》であり、戊辰戦争で逆賊とされた会津藩士の生き残りで陸軍士官学校の三期生となった柴五郎である。

秋山真之は司馬遼太郎の『坂の上の雲』でも描かれたように、日本海海戦では連合艦隊の先任参謀を務め、日露戦争の日本勝利を決定づけた。

柴五郎は義和団事件（一九〇〇年）で孤立した北京にあって日本派遣軍を指揮し、規律と統制を守り抜き、中国人や居留民を保護したことで賞賛された。これが日本への信頼と期待を醸成し、日英同盟締結（一九〇二年）の一因となったとされる。軍人として日本を支えた人材に知の厚みを感じさせる人物がいたことに心が熱くなる。

国家がどのような思いをもって、未来を担う人材を育てようとしているのか。私が世界を動き回り、多くの国を見ていて、つくづく感じることは、志操堅固で教養豊かな若者たちが「軍人」という世界を生きているということである。

その意味において、戦後の日本にも防衛大学校という軍人の幹部育成のコースがあるとはいえ、昔の海軍兵学校や陸軍士官学校に行くことに憧れと誇りを感じていた人たちとの違いは否定できない。国が時代のニーズをにらみ、いかなる人材を育てたいのかという意思と、若者が探究する「知」は微妙に相関していると思わざるを得ないのである。

どんな国でも、真っ当な志のある若者の進む道の一つには、必ずと言っていいほど軍人という選択がある。日本の戦後の特殊性の一つは、志を持って立ち向かうべき憧れの職業から軍人が消えたということなのだ。

戦後日本とは「復興・成長」をひたすら目指すうちに、目指すべき人生の中心テーマを「経済」に置く人材を育てた。そのために、必要とされた知の基盤も大きくゆがんだ。

江戸時代、明治時代の知の基盤を見つめることで、そのコントラストとして、戦後日本の知の基盤の特異性をよく考えてみたい。郊外のベッドタウンで進行している高齢化の中心にいるのは、団塊の世代を先頭にする戦後生まれの日本人であり、多くは戦後日本の教育で身につけた知の範囲で生きているからである。

戦後社会科学教育の欠落部分とは何か

一九九七年に一〇年間の米国での任期を終え帰国した私は、この二〇年ほど、早稲田大学大学院、宮城大学、多摩大学という場で、高等教育に携わりながら、戦後日本の社会科学教育に対する問題意識を持ち始めた。戦後日本の社会科学教育を眺めていると、当然学ぶべき事柄が欠落していることに気づかされることも多い。

最も大きな問題点は、戦後の日本人が日本近代史を十分に学んでこなかったことである。これは、日本近代史に対するしっかりとした認識を持った大人が非常に少ないという問題点につながっている。二一世紀を生き残る世界認識を持つためにも、学んでこなかった欠落部分は努力して補うべきだろう。

戦後日本の教育はＧＨＱ（連合国軍最高司令官総司令部）占領下で、それまでの国定教科書を墨で黒く塗りつぶし、明治時代以降の歴史認識を否定するところから始まった。昨日まで教壇に立って「鬼畜米英」を教え、戦時下の日本を支えていた教師たちは、突然これからは民主主義の教育だと言われ、教壇に呆然と立ち尽くしたのである。

以来、日本の歴史教育は一変し、天皇中心の皇国史観から決別した。縄文時代や弥生時代から江戸時代までは一定程度教えることはできたかもしれない。しかし、明治維新以降の近代史について語ろうとすれば、日本はどこで道に迷い、戦争に突き進む結果になったか、その原因に触れざるを得ない。これまでは、そこに踏み込まず、逃げてきたのである。

戦後の混乱期から復興、そして経済成長へと激変する社会の中で、歴史教育は日本の近代史について明確な認識を構築できないまま、進むことになってしまった。

そのため、幕末維新までは詳しく教えるものの、そのあとの日清戦争、日露戦争、第一次世界大戦への参戦、そして「大東亜戦争」へと進む日本の歩みは、年表的な知識と簡単な事実だけを教えた。その背景に深く踏み込んで構造的背景を教えることがないまま、現代の日本へとつながる歴史は立ち消えになってしまうのが常だったのである。

高校、大学を卒業して社会人になっても、多くの人は近代史を学び直すことなく、素通りしたままである。歴史好きの人は自分で本を買って勉強し、知識を身につけるが、多くの場合、日本近代史に対する認識は歴史小説止まりである。

近代史について多少の興味や知見がある人は、司馬遼太郎を読んでいるかどうかがまず最初の分かれ目になっていて、「司馬史観」と言われる独自の日本近代史の見方に共感する人も多い。ぎりぎり日本人としての自尊心を持って、近代史、特に明治史を振り返ることができるからである。また、NHKの大河ドラマが好きだという人もいる。いわば「大河ドラマ史観」である。

一般にはそのような形で近代史についての知識をおずおずと身につけ、浅い認識のままで留まる結果になってしまっている。経済界の重鎮とされる人たちと議論してみても、自ら努力して日本近代史を勉強していると思われる人に出くわすことは稀である。

歴史は近代史を学べ――「運命の五年間」を直視すること

私たちは小説やドラマを通じて「軍国主義は悪だ」「軍閥が道を誤らせた」と繰り返し

刷り込まれているのも事実である。

一九三六（昭和一一）年の二・二六事件以降の軍部独裁を大きく取り上げて、「軍部の暴走を許したから、日本は一九四一（昭和一六）年に真珠湾攻撃へと突き進んでいく結果になった」という認識を持つ人も多い。実際には一九三〇年代半ばには国際政治の中で日本はすでに追い詰められており、誰が日本のリーダーであったとしても、あの時点では太平洋戦争は不可避だったとも考えられる。

歴史を正視するならば、日本の迷走はもっと早い時期から始まっている。私は「運命の五年間」と表現しているが、ちょうど一〇〇年前の「一九一四〜一九年」の第一次世界大戦期を注視すべきと考える（参照、拙著『ひとはなぜ戦争をするのか　脳力のレッスンV』岩波書店、二〇一八年）。

日本は自国の権益拡大を狙って、一九一四（大正三）年に勃発した第一次世界大戦に参戦しただけでなく、一九一五（大正四）年には中華民国政府に対して「対華二一か条の要求」を行い、受諾させた。

一九一七（大正六）年に起きたロシア革命に対しては、反革命軍救出を名目にシベリア出兵を行い、どの国よりもシベリアに留まり、国際社会から孤立、日本は迷走を深めていく。そして、一九一九（大正八）年のベルサイユ講和会議では、W・ウィルソン米大統領によって提案された国際連盟構想に加盟したいと揺さぶりをかけ、山東利権にも執着し、中国への野心をむき出しにしていった。

つまり、一九一〇年代から二〇年代にかけての日本の近代史には、戦争に至る絶対に見落としてはいけない出来事が数多く存在し、現代を生きる日本人はその歴史と一度は真剣に向き合ってみるべきである。もし、一九一〇年代の日本のリーダーがしっかりとした世界認識を持ち、歴史の方向感を的確に捉えていたら、日本の歩んだ道はまた別のものになっていたかもしれない。

日本人の近代史に対する知識の欠落を特に痛感させられるのは、アジアの人たちと向き合ったときである。文部科学省を窓口に、二〇一〇年から「キャンパス・アジア」構想という名のもとに日本、中国、韓国の三か国政府が大学間の質保証を伴う交流を拡大し、学生や教員の留学・移動を促進するとともに、将来の東アジア地域の発展を担う人材を育成するプログラムが行われている。

参加する学生はプログラムごとに指定された各国の大学で学び、単位互換協定によって、卒業単位を取得することができる。私は日本側の委員の一人を務めていることもあり、人文系から理工学系にわたるプログラムの進捗《しんちょく》状況から成果まで、つぶさに見てきた。

そこで感じることは、韓国と中国の学生たちが近代史を実によく学んでいることである。それを我々が「反日教育」と呼ぼうとも、韓国や中国にとっては現在の国家の成立に関わる歴史であり、ほかの時代の歴史をさしおいても、近代史だけはしっかりと刷り込まれているのである。それに対して、日本の学生は自国の近代史について心許ない知識しか持っていないため、まともに自分の意見を発言することができないレベルなのである。

例えば、「歴史認識問題」について議論になり、日本軍の行った南京大虐殺や従軍慰安婦の問題が話題に上ると、まったく知識のない日本の学生は真面目な者ほど黙り込んでしまう。議論をしようにも、そのための基盤となる知識が不確かなままで、何をどう発言してよいかわからず、当惑してしまうからである。

日本近代史を学ぶこともないまま大人になった人たちを大量に生み出したことは、間違いなく戦後日本の社会科学教育の欠陥だと認識しておく必要がある。知を再武装するにあたっても、避けて通ることのできないテーマであるのだ。

メルカトル図法的世界観からの脱却

もう一つ、戦後の社会科学教育の欠陥として指摘しておきたいのは、「メルカトル図法による世界認識」である。

学校生活を振り返ってみるとよいが、教室の前か後ろに必ずと言ってよいほど、メルカトル図法で描かれた世界地図が掲げられていたはずである。地図の中央には決まって日本が描かれ、その右側には大きな太平洋を挟んでアメリカ大陸が、左側にはユーラシア大陸、さらにはアフリカ大陸が描かれていた。

幼いころから毎日のようにこの地図を眺めることで、私たちは知らず知らずのうちに日本は太平洋を挟んでアメリカと向き合う国なのだという世界認識を刷り込まれている。戦後の日本にとってこうした世界認識は説得力のあるものだった。第二次世界大戦に敗れたあと、日本は半世紀以上にわたってアメリカを通じてのみ、世界を見てきたからである。

戦後、日本の経済を牽引したのはアメリカとの貿易であり、貿易額全体の約四割をアメリカが占めていた時代もある。一九九〇年には地域で見るとアジアが日本の貿易額の三〇・〇%を占めるまでになったが、一国では依然としてアメリカが二七・四%であり、一九九〇年代を通して日本の主要な貿易相手国であり続けた。

私自身、この時期に十数年にわたってアメリカで駐在生活を送ったためよくわかるが、アメリカを通して世界を眺めることを当然のように感じていた日本人が実に多かった。

この構図が大きく変わるのは、二〇〇〇年代に入ってからである。日本の貿易相手国の中でアジアの国々が存在感をよりいっそう増してきた。二〇〇七年には中国が一七・七%となって、アメリカの一六・一%を追い抜き、ついに日本の貿易相手国の一位となった。二〇一七年はアメリカが一五・一%、中国が二一・七%となり、さらには中国を含むアジア圏は五二・〇%と過半数を超える時代になっている。

しかし、今なおアメリカは日本に対して強い影響力を持ち続けている。その理由の一つは安全保障であり、冷戦の半世紀を越えて現在に至るまで、多くの日本人は日米同盟によって守られてきたという認識があるからだ。

また、アメリカは文化的にも日本に強い影響を及ぼしてきた。戦後の日本人は太平洋の彼方に憧れを込めて、アメリカのライフスタイルを見つめ、多くの要素を受け入れてきた。

アメリカの文化は日本の若者にとってカッコのよいものであり、映画やテレビを通じて映し出されるTシャツやジーンズのファッションから、コカコーラ、ハンバーガーなどの食文化、さらにはバイクや自動車に至るまで、あらゆるカルチャーを受容してきた。日本はアメリカ中心の世界観に埋没しながら戦後を走ってきたのである。

「裏日本」「表日本」という認識

さらに、「メルカトル図法による世界認識」が象徴的に表れているのが、「表日本」「裏日本」という言い方である。日本人はアメリカに向き合う太平洋側は「表日本」であり、その反対の日本海側は「裏日本」であるという世界観をいつの間にか身につけてしまった。「裏日本」という表現は差別的なニュアンスを含むとして、一九七〇年代に入ると公には徐々に使われなくなっていった。とはいえ、太平洋側は世界に開かれた表玄関であり、日本海側は勝手口のように扱うという意識は依然として残っているように感じる。

二〇〇〇年を超える日本列島の歴史を振り返ると、それぞれの時代で為政者たちは日本海側を中国や朝鮮半島、ロシアとの人や物の交流の窓口と位置づけてきた。

冷静に地図を眺めると日本海はユーラシア大陸と日本との間に横たわっている内海である。日本海側は「内日本」であり、太平洋側は「外日本」と考えていた時代もある。日本の歴史のほとんどにおいて表は日本海側、裏は太平洋側であり、太平洋側を「表日本」、日本海側を「裏日本」と認識したのは、二〇世紀の半ばから後半にかけてのわずかの時期だけである。

二一世紀に生きる私たちにとっては意外かもしれないが、戦前を生きた日本人は私たちよりもはるかにユーラシア大陸に対して強い関心を向け、身近に感じていた。

象徴的なのは与謝野晶子の例である。夫の与謝野鉄幹は一九〇〇（明治三三）年に文芸誌『明星』を創刊し、ロマン主義文学の中心人物となる。『明星』を一〇〇号で廃刊したあと、妻の晶子の支えを受けて、一九一一（明治四四）年、一人でパリへ渡る。晶子は翌年には夫を追って、パリへ行くことにした。

飛行機はまだ発明されたばかりで、もちろん旅客機はなかった時代である。晶子は東京駅で五〇〇人もの友人に万歳三唱で見送られ、汽車で出発した。当時、東京発パリ行きの切符が売られていたという。東海道線でまず西へ向かい、米原から日本海の敦賀に出て、そこから船でウラジオストクに渡り、そこからはシベリア鉄道で一四泊一五日をかけてパリにたどり着いた。

晶子は約四か月間のヨーロッパ生活を送ったが、ホームシックにかかり、夫を置いて先に日本へ帰国することにした。帰路はマルセイユから船に乗り、横浜港へと戻ってきたが、三七日もかかっている。シベリア鉄道は意外にも速かったのである。当時の日本は大陸政策もあり、朝鮮半島、中国、さらにはユーラシア大陸全体に対して、今よりもはるかに強い関心を寄せ、世界に対して目を見開いていたのである。

戦後、西側の自由主義陣営の一員となった日本は、日本海を間に挟んでイデオロギー体制の違うソ連、北朝鮮、さらにその隣の共産中国と対峙した。海を通してつながるよりも、共産主義勢力の影響力を遮断したのである。

敗戦後から一九九〇年代に入って冷戦が終結するまで、約四〇年にわたってアメリカにつながる太平洋側は表であり、遠ざけたい国々が相対している日本海側は裏だという感覚が、私たちの間に暗黙のうちに深く刻みつけられてしまったのである。

東アジアでは冷戦構造によって生まれた対立は依然として残っているものの、世界の地政学はすでに大きく変わっている。特にこれから日本がアジアのダイナミズムを取り込み、迎え撃っていかねばならないことを考えると、一つの基軸となるのが日本海の物流であることは間違いない。

日本海と太平洋の港湾同士を道路網で結び、ロジスティックス（物流）を発展させ、同時に幹線道路の周囲に日本ならではのモノづくりを基盤にした産業を生み出していくという視点は極めて重要である。

戦後日本が特殊な形で持ち続けていたメルカトル図法的世界観から、一刻も早く脱却すべき時代になっているのである。地球儀で世界を考えることの大切さに気づくことである。そうすれば、ユーラシア大陸のダイナミズムも、新たな動きとしての北極海航路も立体的に見えてくるはずである。

ちなみに、私は一七年にわたって岩波書店の雑誌『世界』に「脳力のレッスン」を連載し、現在はオランダを中心に置いて、世界史と東洋史と日本史を連携させてグローバルヒストリーを捉え直す試みを行っている。自分なりの世界認識の再構築のつもりだが、こうした努力を続けていかなければ、世界の現実の姿が見えないという切実な思いからである。

生命科学がもたらす新しい人間観

二一世紀に生きる者にとって、知の再武装として身につけるべき最新の知見として、どうしても生命科学について触れておかねばならない。

私自身、二一世紀を生きるための時代認識を磨くにあたって、これから脂汗が出るほど勉強しなければならないと考えているのが、このジャンルである。多岐にわたる科学の中でも、特に生命科学は二〇世紀末から急速に発展し、私たちがこれまで抱いてきたような生命観、世界観に対して、大きく変更を迫っている。

いかなる年齢、立場であれ、自らのこれから歩むべき方向を模索し始めたときに、誰しもが心に抱く問いは、自分とは何か、人間とは何か、生きるとはどういうことか、ということだろう。
もちろん哲学や宗教などの書籍に向き合うのも大切だが、生命科学における最新の知見を前に、改めて問いを発し、自分なりの答えを探してみる努力は欠かせない。生命科学の進化を知れば知るほど、私たちの根幹に関わる生命観、社会観にパラダイム転換の時期が訪れていることに気づくはずである。

生命科学の分野で二一世紀に起きた最大の出来事は、二〇〇三年にヒトゲノムの解読が完了したことだろう。その結果、わかったことの一つに、チンパンジーと人間の差は二万二〇〇〇におよぶ遺伝子のうち、わずか一・二％にすぎないということである。遺伝子には個体差があるので、それを勘案し補正すると、その差はさらに縮まり、一・〇六％となる。

人間は動物よりもはるかにすぐれた存在であると信じてきた私たちにとって、チンパンジーとの遺伝子の差がわずか一・〇六％しかないという事実は衝撃的である。逆に言うと、およそ九九％の遺伝子が人間とチンパンジーでは共通しているのである。

近代以降の世界史は「人間中心主義」を基盤に成り立ってきたと言っても過言ではな

い。人間は万物の長であり、科学技術によって自然を利用、制御し、より便利で快適な世界を作り出してきた。

この世に生を享《う》けた人はすべてがかけがえのない存在であり、だからこそ一人ひとりが尊重され、生きる権利を保障されなければならない。そうした考え方を基盤にして近代社会が成立してきたのである。民主主義（デモクラシー）という思想は、人間中心主義の到達点とも言えるのである。

ヒトゲノム解析の結果は、万物の長としての人間中心主義の根幹を揺るがすものである。動物よりも人がすぐれているという考えは、人の勝手な思い上がりにすぎない。「人間は木から下りたサル」であり、森林から開けたサバンナに出て二足歩行を行うことで、直立姿勢となり、脳が肥大化した。道具を作って使いこなし、急速に環境適応力を高めていった。とはいえ、そのことでチンパンジーよりも人間が決定的にすぐれていると思い上がってはいけないのである。

逆にいくつかの点で、チンパンジーの能力が人間よりもすぐれている面があると判断できる事実も明らかになっている。

最近の京都大学霊長類研究所の研究によると、チンパンジーの子どもが目で見た画像を瞬間的に記憶する能力は人間の大人を上回っている。チンパンジーは森林を見た瞬間にあそこに木の実があると認識し、それを記憶し、行動することで生き残ってきたと考えると、一瞬のうちにカメラのように画像を記憶する能力がすぐれていても不思議ではない。一方では、チンパンジーと人間の違いをもたらす一・〇六％の遺伝子は、言葉やコミュニケーションの能力に関係があるらしいということもわかってきている。

実際、人間よりも速く走る動物は数多く存在するように、特定の能力だけを取り出すと人間よりもすぐれた動物はいくらでもいる。ポイントは生命科学の発展の中でヒトゲノムの解読が完了し、人間だけが特別にすぐれた存在ではないことが遺伝子の違いとして客観的に示されたことである。こうした視界は、人間が積み上げてきた歴史を再考し、これから進むべき道を模索する上で大切である。

さらに、根源的に問い詰めるならば、ニコラス・ウェイドが『宗教を生みだす本能』（依田卓巳訳、ＮＴＴ出版、二〇一一年）において述べるごとく、人間だけが「生命を脅かす最大の敵が、同じ種の他の集団」という残忍な動物であり、その意味では本質的に劣等とも言えるのである。

人類誕生の歴史から人間を考え直す

高齢者のみならず、二〇世紀の大学で学んだ者にとって、学生時代に学んだ知見は急速に色あせたものになっている。まさに日進月歩で進む科学の急速な発展によって、昨日まで定説だと思っていたことが次々と覆されていく。

遺伝子解析の技術は考古学や人類学の分野にも応用され、人類の誕生を巡るストーリーもこの二〇年ほどの間に大きく書き換えられた。昔の知識で漠然と、「北京原人」や「ジャワ原人」などを起源とすると考えている人もいるが、「アフリカ起源説」が検証され、しかも、現生人類に至る歩みはとても複雑であることがわかってきた。

最初のホモ属とされる「原人」のホモ・ハビリスは三〇〇万〜二〇〇〇万年前のアフリカに登場した。一五〇〇万年前までに、同じ原人の仲間であるホモ・エレクトスがアフリカを出て、ユーラシア大陸へと広がった。北京原人やジャワ原人として知られるのはこのホモ・エレクトスの一グループである。次に現生人類である「新人」が誕生するが、よくある勘違いは最初にアフリカを出た原人が私たちの直接の祖先であるというものである。

アフリカ大陸とユーラシア大陸に広がった各地の原人や旧人が交流しながら、それぞれの地域で現生人類のホモ・サピエンスへと進化したという「多地域進化説」が唱えられた時期もあった。

しかし、化石の年代測定の技術が向上し、しかも遺伝子解析による類縁関係を調べられるようになると、二〇万〜一五万年前ごろにアフリカで登場した新人が六万年前ごろにユーラシア大陸へ渡り、各地の原人や旧人と併存した時期もあったが、原人や旧人は徐々に消えていき、現在のように現生人類である「新人」、つまりホモ・サピエンスのみが生き残ったという人類史が見えてきた。これが「アフリカ単一起源説」である。

現生人類は火を利用して加熱処理を行うことで多様な食物を食べ始めた。六万年前にはユーラシア大陸へ進出して、いわゆる「グレートジャーニー」が始まった。アフリカ大陸とユーラシア大陸をつないでいるシナイ半島から、世界に拡散していっただけではない。最新の研究では、最終氷期で地球上の海水面が下がっている期間に、驚くことにエチオピアからアラビア半島の東端を通り、ホルムズ海峡を越えてイラン、インド方面へ移動していったグループも存在したことなどもわかっている。

旧人は原人よりも分布域がユーラシア大陸のいくぶん高緯度へ拡大したものの、シベリア地域まで広がることはなかった。しかし、現生人類は寒さを克服し、適応する能力を持っていた。三万年前ごろにはシベリアにも広がり、最終氷期でアジアとアラスカの間が地続きになっていた一万四〇〇〇年前ごろ、ベーリング陸橋を通って北アメリカ大陸へと進出。その一〇〇〇年後には早くも南アメリカ大陸最南端に到達した。

驚くべきは、一九九一年にアルプスで発見された世界最古の冷凍ミイラであるアイスマンについての研究である。ＮＨＫスペシャル『アイスマン 〜５０００年前の男は語る〜』でも放送されたが、二〇一二年にミイラを解凍し、脳や内臓、骨などを採取して分析した結果、五三〇〇年前の人類の生活の一端が明らかになったのである。

アイスマンの胃からは動物の脂身やハーブが見つかり、パン食をうかがわせる小麦の加工物も発見された。衣服を三枚重ね着し、底がクマ皮でできた丈夫な靴を履いていた。石剣や銅製の斧や作りかけの弓矢、火打ち石などの火おこしの道具も持っていた。

鍼灸《しんきゅう》などで言うツボの位置に刺青が施され、ある種の医療行為もあったと想像されている。アイスマンの肩には鏃《やじり》を受けた痕、さらに後頭部には鈍器による脳内出血の痕があり、何者かによって殺害されたと考えられている。五三〇〇年前のアルプス山脈で亡くなった男と、現代に暮らす私たちとは、本質的に変わっていないことに驚かされるのである。

ここで言いたいのは、生命科学の急速な発展によって、生命史から人類史までが科学的根拠に基づいたつながりの中で見え始めているのが、現代だということである。一方では、宇宙物理学の発展により、宇宙史から地球史に至る流れも相当な正確さで理解されるようになっている。

こうした宇宙の誕生から生命の発生、人類の登場までを一つの流れでつないだ「ビッグヒストリー」が少しずつ描き出せるようになってきた。確かに宇宙観の中で人間の存在は決して特別なものではないのかもしれない。しかし、ビッグヒストリーの中で、改めて人間とは何か、生きるとは何かが新しい視界で見え始めていることは間違いない。

私たちが過去に身につけてきたものは分断的知性に基づくものである。文科系、理科系、社会科学系などと分断された知見のままでは、すでに触れたようなグローバルヒストリーやビッグヒストリーを描き出すことは不可能である。それらを統合し、全体知として世界認識を深めることが、自身の立ち位置を見つめ直すためにも、欠かせないのである。

機械が人間を超えるとき——AIの進化を考える

万物の長たる人間の地位は、コンピュータサイエンスの発達によっても大いに揺るがされている。私たちはIT革命、つまりネットワーク情報技術革命の中を生きてきた。インターネットの登場に象徴されるIT革命が起こり、世界を巻き込むようになったのは、一九九〇年代、わずか三〇年前のことである。

インターネットはアメリカ国防総省の資金提供によって研究が進められ、一九六九年に稼働したARPANET（アーパネット）を基盤技術としている。アイデアの一つはランドコーポレーションのポール・バランが一九六二年にコンセプトを出した分散型ネットワーク技術である。東西対立の厳しい冷戦期にあって、万が一、核攻撃を受けても機能できる情報ネットワークを構築しようとしたのがきっかけで誕生した。

回線を一か所に集中させて中枢機能を持たせた場合、ソ連の核攻撃でその中枢が破壊されたら、回線全体がまったく使いものにならなくなってしまう。しかし、分散型ネットワークであれば、被害は局所的に収まり、つながっている回線を使って、全体の機能を失わずに生き延びることができる。そうした冷戦期のニーズから開発が進んだのが、インターネットの基盤技術だったのである。

東西ドイツを隔て、冷戦の象徴でもあったベルリンの壁は一九八九年に崩壊し、一九九〇年代になると冷戦構造は終結に向かう。それまで軍事目的で開発されていた技術を民生用に活用する流れ（軍民転換）が加速し、一九九〇年代半ばになって、一気にインターネット時代が到来することになった。同時期にマイクロコンピュータの普及とそのネットワーク化が進み、IT革命が急速に進展する。

SF映画の名作、スタンリー・キューブリック監督の『2001年宇宙の旅』（一九六八年公開）を観た人は覚えているだろうが、舞台となる宇宙船には人工知能コンピュータのHAL9000が搭載されていた。HALはコンピュータ会社IBMの三文字をそれぞれアルファベットの一つ前の文字に置き換えたものと言われる。

物語のキーとなるのは、この人工知能コンピュータが本当に知性を持ち、人間と同じような意識が覚醒していたという点である。映画の予言とは異なり、二〇〇一年から二〇年近くが経ったものの、現在の世界最高水準のスーパーコンピュータでもHAL9000の水準には達していない。

その理由の一つは、情報技術革命の方向が先に触れた開放系、分散系のネットワークの発展へと向かったからである。ところがそのインターネット技術の発展の中から、今度はコンピュータサイエンスの新たな局面が生まれつつある。

それは、機能の限られたマイクロコンピュータをさまざまな日用品に組み込み、ネットワークする「IoT（Internet of Things）」という考え方と、データをインターネット上に集めるという「クラウド」化の流れにより、膨大なデータが容易に集積されるようになって、ビッグデータ革命と呼べる事態が急速に進行するようになってきたことである。

ITビッグファイブと言われる「GAFA+M（Google、Amazon、Facebook、Apple、Microsoft）」は日々、世界中の携帯端末やコンピュータなどから利用者の行動データをインターネットで集めて蓄積している。すでに寡占状態にあるが、ビッグファイブ間での競争も激しく、世界中の個人データが特定の場所に集められて支配される、一種のデータイズム（データ覇権主義）も懸念されるほどである。

ビッグデータを活用することで視界が開けてきたのが、新たな人工知能の開発である。人間と似た反応や行動を人工知能（ＡＩ）に学習させることを「ディープラーニング」と呼ぶ。世界トップレベルの囲碁棋士と対戦し、打ち負かしたことで一時話題になった「AlphaGo（アルファ碁）」もその「ディープラーニング」の技術を応用して開発された。

「ディープラーニング」は、学習するデータが多ければ多いほど正確性が増すのが特徴である。単語や文章を覚えさせることで文書どころか、やがて文学作品も自動作成できると言われている。また、さまざまなメロディを記憶させ、作曲をさせるなどの実験も行われている。現在、世界の自動車メーカーやＩＴ企業が必死になって開発を進めている自動車の自動走行技術も、センサー機能の充実に支えられた「ディープラーニング」の手法が欠かせないものになっている。

また、シンギュラリティという言葉がある。日本語では「技術的特異点」と訳されるが、具体的には人工知能が人間の能力を超えることを示す。これまでは二〇四五年がシンギュラリティの年だと言われてきたが、それがどんどん前倒しされて、現在では二〇三〇年代にシンギュラリティが到来すると言われ始めている。

中間層の仕事がなくなるとき——分配の格差の拡大

ＡＩが広く活用される時代がやってくると、大きな影響を受けると予想されるのは雇用の現場である。コンピュータの進化とは、平準化技術の高度化であり、計数管理、会計、営業などの現場に正確な管理を導入すると予想される。

それは、まずは中間層の仕事への参入を意味する。企業組織の中でも中間層は大幅にリストラされる可能性がある。つまり、営業職であれ管理職であれ、経営者と現場の間をつなぐ役割を果たしてきた中間層の仕事が、より効率的な人工知能に取って代わられるのである。

さまざまなシンクタンクの予測を見てみても、現在存在する仕事の六割ほどは、ＡＩ技術によって効率的に処理されるようになる。これまであった中間層の仕事が減り、組織のポジションとしての中間層も段階的に不要になるのである。仕事自体はなくならないが、ＡＩがそのほとんどを行うため、労働力としての人間の雇用につながらないのである。

例えば、流通で言えば、スーパーマーケットやコンビニエンスストアのレジの仕事は、デジタル技術によって無人化される時代が早晩やってくる。

アメリカでAmazonなどの企業が実験している「レジなし無人スーパー」では、アプリをダウンロードしたスマートフォンを入店時にカウンターにかざせば登録が済む。ＩＣタグがつけられた商品を棚から取り出しただけで会計されたり、出店時にセンサーの取りつけられたカウンターを通り抜けるときに、自動的に集計されたりする仕組みである。代金は瞬時に銀行口座から引き落とされる。こうしたキャッシュレスの時代になると、「時給一〇〇〇円で働くレジ係」は不要になる。

いくらロボット化が進み、コンピュータ技術が発達したところで、販売員や配達員、あるいは庭師、清掃員に至るまで、現場で額に汗して作業を行う仕事はなくならない。現場には、そうした働き手をまとめて管理する人員も必要である。

しかし、中間管理職として、離れた場所で複数の現場を束ね、スケジュール管理をし、全体を効率よく動かしたり、その成果を集計して経営者とつないだりする仕事は、ＡＩ技術と通信技術によって、要らなくなる可能性が高い。

中間層の仕事へのニーズが減少することは、この仕事に従事する人間の給与に下方圧力がかかることを意味する。それはＩｏＴの時代を迎えて、ＩＴベンチャーの分野で巨額の富を得る人たちと中間層の所得格差をもたらすことでもある。

現実にシリコンバレーに巨大なＩＴ企業（Google、Amazon、Facebook、Apple、Microsoftなど）の本社や開発拠点を配するサンフランシスコ・ベイエリアの状況を見ると、この格差の問題が現実化していることを強く感じる。

中間層の仕事が減るだけではない。中間層の仕事への分配が相対的に減り、格差が顕在化するのである。現在、中年層の雇用環境が息苦しくなってきているのは、少しずつ中間管理職の仕事が減り、分配へのしわ寄せが生じつつあるからである。

今までであれば、現場の状況を掌握して的確に上司に報告する役割は大変重要なものだった。ところが、営業担当者全員にネット端末を持たせて、今日は何がどの程度売れて、今後何をどれくらい仕入れる必要があるかなどを集約して、ダイレクトにトップに伝達する情報システムを構築するのは、さほど難しいことではない。

そうなると、課や班などのチームを束ねる営業職の中間管理職の仕事は不要になってくる。入社したての若い従業員は体力、気力である程度仕事を行うことができるかもしれないが、年齢を重ねてくると、今まで以上の付加価値を生み出す能力が求められることになる。

機械や人工知能が人間の労働に取って代わるなら、人間は人間らしく生きるために、機械や人工知能を超えた別次元の力をつけていかねばならない。コンピュータと人間が競争するという意味ではなく、人間がコンピュータや機械を操り指示を与えていく仕事は、あくまでも人間のものとして残っていく。

人間が人間らしい能力を持っていなければ、コンピュータに指示を与えたり、目的を与えたりといったこともできないだろう。指示を出す能力、目標設定力を示すことはそれほど容易ではない。新しく広い認識を持って、世界を見渡して、その時々の問題を深く捉える知見がないと、コンピュータに対しても優位に立って、目的を与えることさえできなくなってくる。

人間が人間であることの価値

新しい生命科学の発展によって、人間は必ずしもほかの動物たちよりもすぐれているわけではないことが突きつけられた。さらに、コンピュータサイエンスの発展によって、機械の能力がかなりの分野で私たち人間を凌駕《りょうが》する時代がもう間近に迫っている。

繰り返すようだが、ここで鋭く問われているのは、人間とは何かということである。人間は必ずしも動物や機械よりもすぐれていないとするなら、人間が人間である価値は何なのか。本当の意味での人間主義を真剣に考えなければならない時代が到来している。

人間と機械の究極的な違いは何かを考えてみるとよい。どんなに機械がすぐれていたとしても、機械はあくまでも「目的手段合理性」に従って作られている。人工知能は課題(目的)を与えられるとそれに対する最適解(手段)を効率よく導き出す能力においては、人間を凌駕していくだろう。

囲碁や将棋を例にとれば、わかりやすい。どんなに能力の高いトップ棋士であっても、人工知能に膨大な学習機会を与え、一〇万局、一〇〇万局をディープラーニングさせると、対戦のさまざまな局面で最適解を導き出すスピードと能力において、絶対にかなわなくなる。人間の脳を「三ポンドの宇宙」と言うことがある。わずか一・五キログラムの脳にできる能力には自ずと限界があるが、それでも「三ポンドの宇宙」は偉大である。

人工知能が、それこそスーパーコンピュータに接続され、膨大なビッグデータをもとに人間に立ち向かってくるならば、目的手段合理性の選択において人間が機械に勝つことは不可能だろう。そういったことがすでに囲碁や将棋で起こっているのである。だが、それでも人間のポテンシャルは高いのである。

人間と機械の違いについては、「認識」と「意識」を分けて考えてみるとわかりやすい。認識能力については、機械は性能次第でこれからも人間をさらに凌駕していくに違いない。単語の使い方を覚えたり、画像で人や物のイメージを正確に捉えたり、あるいは囲碁や将棋の何千、何万という対局を記憶したりする能力はこれからもどんどん高まっていくに違いない。

しかし、意識についてどう考えるかは別である。コンピュータに意識を持たせる研究もなされているが、その意識とはいったいどのようなレベルかが問題なのである。

私にとって説得力があったのは、イタリアの神経生理学者マルチェッロ・マッスィミーニとジュリオ・トノーニの『意識はいつ生まれるのか』（花本知子訳、亜紀書房、二〇一五年）

による人間の意識についての説明である。

一九六九年七月二〇日にアポロ一一号が月面に着陸し、ニール・アームストロング船長とバズ・オルドリン操縦士の二人が、人類として初めて月に立った。そのときに撮影された「アースライズ（地球の出）」と呼ばれる有名な写真がある。太陽に照らされた月の地平線が弧を描いて横に伸び、その上の真っ暗な宇宙空間に青い地球がぽっかりと浮かんでいるのである。振り返って月面の後方を見た二人の宇宙飛行士の脳裏には、地球に残してきた家族や友人などの顔が走馬灯のごとく浮かんだという。あんな遠いところからここまで来てしまったのかと感動を覚え、涙を流したという。

機械は認識機能がいくら進んでも、このような感動を抱くことはできない。つまり、人間の脳という一・五キログラムの中に宇宙があり、人間を人間たらしめている深い意識があるということである。

「不合理の合理性」という言葉がある。与えられた課題に対して合理的な最適解を導き出す能力において、確かに人間はコンピュータに負けるかもしれない。しかし、人間は自分にとって不利益になるかもしれない事柄でも、時と場合によっては、それに向かって挑もという意識を持つことがある。

例えば、自分は負けるとわかっていながら、勝負の舞台に立つこともある。川で溺れている子どもを見て、泳ぎきる自信がないにもかかわらず、果敢にも水の中に飛び込んでいくかもしれない。それはまさに不合理で、自己犠牲や愛といった言葉でしか表現できないかもしれない。しかし、そうした意識を持ち得るのが人間であり、人間の本質的価値であるとは言えないだろうか。

どの年齢になっても、かつて大学時代の四年間で勉強した程度の教養では、これからの時代を生き抜くことはできない。退職の年齢まで約四〇年間、一生懸命仕事を通して知識やスキルを身につけたとしても、それだけではそのあとの四〇年間を生きていくことは難しい。

一〇〇歳人生を生き抜くには、人生のどこかの段階で、改めて自分と向き合い、「人間とは何か」と自身に問いかけることが必要になる。これからは今までとは違った意味で、「知の再武装」が必要になってくる。その知の対象が文化であれ、経済であれ、生命科学であれ、歳を重ねていきつつ、新しい先端的な研究の成果を吸収し、自分自身の知の再武装をしていかねばならないのである。

次章において、人間の知的能力の可能性、特に高齢化が人間の知的能力に与える積極的可能性を探求する議論を展開することになる。「知の再武装」の努力の先にあるものを注視してもらいたい。

第4章　ジェロントロジーへの新たな視界

——からだ・こころ・おかね

積極的に生きる力とは

第1章、第2章では、日本では異次元の高齢化が進行していて、その問題点の中核にあるのは都市新中間層の高齢化であることを述べてきた。この章ではそれを受けて、ジェロントロジーという知の領域を改めて考えてみたい。

これまでジェロントロジーという言葉は日本語では「老年学」と訳されてきた。しかし、健全で幸福な高齢化社会を創造するためには、より広範で体系的な英知を結集する必要があるという点から「高齢化社会工学」と訳すべきだ、ということについては序でも述べた。ここでは、より深い視界から高齢化社会を支える知の本質に迫ってみたい。

ところで、「高齢化」を論ずるとき、思い出すのがアメリカの詩人サムエル・ウルマン（一八四〇～一九二四年）が書いた「青春」という詩である。

青春とは人生のある期間ではなく、
心の持ちかたを言う。
薔薇《ばら》の面差《おもざ》し、紅《くれない》の唇、しなやかな手足ではなく、たくましい意志、ゆたかな想像力、炎《も》える情熱をさす。
青春とは人生の深い泉の清新さをいう。

青春とは臆病《おくびょう》さを退ける勇気、
安きにつく気持を振り捨てる冒険心を意味する。
ときには、二十歳の青年よりも六十歳の人に青春がある。
年を重ねただけで人は老いない。
理想を失うとき初めて老いる。

（中略）

霊感が絶え、精神が皮肉の雪におおわれ、
悲歎の氷にとざされるとき、
二十歳であろうと人は老いる。
頭《こうべ》を高く上げ希望の波をとらえる限り、

八十歳であろうと人は青春にして已《や》む。

『青春とは、心の若さである。』（作山宗久訳、角川文庫）

この詩はこれまでも多くの老人の心を駆り立ててきた。前向きに生きる高齢者の永遠の応援歌と言えるだろう。

また、作家ヘルマン・ヘッセ（一八七七〜一九六二年）は『人は成熟するにつれて若くなる』（V・ミヒェルス編、岡田朝雄訳、草思社）において、「老いてゆく中で」という次のような詩を書いている。

若さを保つことや善をなすことはやさしい
すべての卑劣なことから遠ざかっていることも
だが心臓の鼓動が衰えてもなお微笑むこと
それは学ばれなくてはならない

それができる人は老いてはいない
彼はなお明るく燃える炎の中に立ち
その拳の力で世界の両極を曲げて
折り重ねることができる
（後略）

年齢を超えて、積極的に生きる力を求める者にとって、ウルマンやヘッセの詩は心に響く。だが、個人の「心構え」だけで高齢化社会を論ずることもできない。私たちは最新の脳科学、生命科学をはじめ、医学・医療の進化に注目し、その中で「高齢化」を新しい文脈で理解しなければならない。

例えば、ノーベル生理学・医学賞受賞の脳神経学者R・L・モンタルチーニの『老後も進化する脳』（齋藤ゆかり訳、朝日新聞出版）は、脳科学の最新の成果として、人間の精神活動は「老年期」に新しい能力を発揮しうることに言及している。

確かに、記憶力や創造力に関わる機能は「老化」によって劣化するかもしれない。一方で、積み上げた体験から事態の本質を捉え、体系的に対応を考える「思慮深さ」は、高齢者の能力が評価されるべき分野と言える。

同様に、米国の科学ジャーナリスト、バーバラ・ストローチの『年をとるほど賢くなる「脳」の習慣』（浅野義輝訳、池谷裕二監修・解説、日本実業出版社）も、「脳は経年劣化しない」「運動、訓練によって脳は強くなる」ことを指摘している。

つまり、主体的努力と意志によって、新たな能力を発揮しうることが脳科学によって検証されているのである。私の個人的実感においても、現場体験（フィールドワーク）の蓄積と文献の読み込みが相関し、六〇歳を過ぎて以降、物事のつながりを見抜く「全体知」(integrity) が高まっているように思う。

「流動性知能」と「結晶性知能」、そして「第三の知能」としての「唯識性知能」

ここまでの議論を整理し、さらに一歩踏み込んで老化を超えた知能の進化（深化）について論じておきたい。「老化学」という研究分野における、老化を臨床を通じて研究するアプローチが進化し、人間科学としての体系的な長寿社会の解明が進みつつある。

人間の知能には「流動性知能」と「結晶性知能」とがある。「流動性知能」は、新しいものを学習する能力や記憶する能力を意味し、加齢とともに劣化する傾向がある。一方で、「結晶性知能」は、習得した知識や経験を結びつけて日常の生活状況に対処する能力を意味し、個人差もあるが、むしろ年齢とともに向上する傾向があることが指摘されている。

この辺りまでは納得のいく視界なのだが、さらに踏み込んで、人間の能力の可能性を考えてみたい。私は、人間の能力に関し、「結晶性知能」を超えて、深く心の内面を見つめ練磨することによって、後述する唯識論的知が第三の能力として存在すると考えている。仏教思想で言う「九識」のうち六識より先の無意識の中に、利己愛を超えた利他愛、思いやり、慈悲の心があると思われる。それは釈迦が老いを含む人生の苦しみに向き合いつつ克服した心の安らぎとも言える境地である。

決して誰もが老齢とともに身につけるものではないが、昔の田舎の「古者《こしゃ》」や老いた母が示していた、人間の生き方についての揺るぎなき温かさや徳のようなものを想い起こしてみたい。知能を超えた美意識、利害打算を超えた人間社会の道標を、老人は体現しなければならない。

のちに私が心の問題としての宗教にこだわる理由も、ここにある。神仏を信仰するか否かではなく、高齢者の心の構えがこれからの高齢化社会の質を決めると思われるのである。

「疎外された存在」をどう考えるか

「老化現象」があらゆる生命活動の共通の宿命であるなかで、とりわけヒトの老化がドラマティックな様相を呈する。その理由について、先述のモンタルチーニは、「第一にヒトの寿命が長いこと、第二に、損耗《そんもう》による器官の衰えが肉体の各所で表面化しやすいことに加え、第三の理由として、社会が高齢者を疎外すること」を挙げている。

この第三の理由の「疎外」を考えるならば、これまでの社会がこれほどの高齢化を想定していなかったために、社会システムに高齢者を参画させる基盤がなかったことによって不適合が生じていると言える。一〇〇歳人生を想定した社会モデルなど存在しなかったのである。

社会構造において、「疎外された存在」は必ず社会変革の起爆剤となる。今、日本の高齢化社会の中核になりつつある都市郊外型の高齢者世代は、戦後日本の社会構造変化を投影した存在であることを認識しなければならない。そうした高齢者を健全な社会的参画者として機能させるのが、日本のジェロントロジーの課題と言える。

ジェロントロジーとは、定年退職後三〇～四〇年間生きねばならない一〇〇歳人生の時代にあって、高齢者を社会参画させ活用するプラットフォームの創造を探求する社会工学であり、そのための社会意識を醸成する「知の再武装」システム構築の試みでもある。知なくしては責任ある社会参画はできないからである。

学問体系としてのジェロントロジーは、アメリカで発展してきた歴史がある。高齢化について、医療、福祉、社会科学、政治、経済、芸術、文化などあらゆる分野からのアプローチが可能である。

例えば、ジェロントロジーへの新たな視角として、美容界に足跡を残した山野愛子《やまのあいこ》氏の長男で山野学苑を率いる山野正義《まさよし》氏が、「美齢学《びれいがく》」（美しく歳をとる）という主張を掲げていることに注目したい。

美とは言うまでもなく、表面的な美だけではなく、精神の美でもある。美容と福祉の融合を目指す山野氏が「九〇歳を過ぎて介護状態にあった女性が、ネールアートと髪を整えることでオシメが取れた」と語る言葉は、高齢化の本質の一面を炙《あぶ》り出している。「美しさ」を意識することが高齢化社会の質を決めると思われるからである。ここには、高齢化をコスト負担の増大と考えながらの積極的アプローチへの示唆があると思われる。

これまでのジェロントロジーの領域を越えて、高齢化社会を深く構想する三つの要素と思われる「医療」（からだ）、「宗教」（こころ）、「金融」（おかね）のテーマに焦点を当てながら、目指すべきジェロントロジーの方向感を示していきたい。

(1) 医療ジェロントロジー――健康寿命を延ばすということ

これまでも医療・福祉は高齢化社会を巡る主たる論点であった。その分野をジェロントロジーの新たな視界から論じておきたい。

異次元の高齢化が進む現在の日本にあって、医療はこれまでと同じでよいのか、そのあり方が問われている。日本の高齢化が進んでいるということは寿命が延びているということであり、それには戦後の日本が寿命を低く押し下げていた要因を克服してきたことがある。

例えば、感染症は都市環境が整備されることによって大幅に抑えられるようになった。胎児・幼児期の死亡率は医療技術の発達や母子保健の拡充などによって減少し、また、さまざまな疾患に対する治療法が確立され、各年齢層で死亡率が下がってきた。

その結果、日本は世界で最も平均寿命が長い国となったのである。その一方で、社会保障費が増大し、寝たきりなどの不健康な状態で過ごす期間が延びるといった課題にも直面している。

私が会長として関わっている「保健・医療パラダイムシフト推進協議会」は、二〇一五年五月に発足した産業界・民間主導の団体である。協議会の設立の準備段階を含めると一〇年近く、東京大学医科学研究所の臨床・研究分野の医師たちと議論を重ねてきたことになる。

協議会では、「Healthy Active Life」の実現を目指して、保健・医療のパラダイムシフトを推進しようとしているが、その中心となるテーマは「病気にさせない医療」だと言える。ジェロントロジー全般の議論を進めるにあたっても、この医療ジェロントロジーという視点は大変重要だと思われるので、紹介しておきたい。

　高齢者による医療負担の増大、さらに介護費用の増大が今後の大きな問題であることは否定できない。具体的な数字を挙げると、二〇一五年度の日本の医療費は約四二・四兆円に上り、その五九％が六五歳以上、四八％が七〇歳以上の高齢者によるものである。「六五歳以上の一人当たり医療費は六五歳未満の四倍」という資料もある。また、医療費は一〇年後には五二兆円にもなるとも言われている。

　一方で、介護職員数は二〇〇〇年には五四・九万人だったが、二〇一五年には一八三・一万人と推計され、二〇二五年には二四七万人、二〇三五年には二九七万人が必要とされている。このままいくと、二〇五〇年ごろには五〇〇万人に迫る介護職員が必要で、労働人口全体に大きなウエイトを占めることになる。皮肉にも、雇用統計上、二一世紀に入って最も就業者を揺るがしているのが介護分野なのである。

　こうした統計を見つめると、やがて日本は医療や介護のコスト負担に耐えられなくなり、後代負担と言おうか、子どもたちの世代に重くのしかかる圧力として、高齢化を考えがちになる。確かに、このまま事態を見つめているだけでは、この先に見える高齢化社会は社会的コスト負担の拡大としか捉えられなくなるであろう。

そこで重要なのが、ジェロントロジーの新たな視界であり、積極的に高齢化社会に立ち向かう視界の転換なのである。つまり、高齢化を今後の日本社会のコスト負担とするのではなく、高齢者を社会を支える側に参画させるためのパラダイム転換を志向するのである。

そこで、医療については、いかに病気にならないで健康な状態で寿命を延ばしていくかがポイントになる。これまでは、自分が病気になったら病院に行って治療を受ける、つまり医療機関はそのように訪れる来院者に対応して治療を行う、というのが通常のあり方だった。

これからは個々人が病気になる前から医療の健康データを登録し、医療機関は遺伝子データや日々の健康状態をセンサーによって把握し、病気になりそうな兆候を見つけ、先回りをして治療する医療のあり方へと変わっていくだろう。「病気にさせない医療」であり、疾病中心から健康中心への転換である。

「健康長寿」を考え直す——P４医療とは何か？

社会のコストから言うと、病気にならないでいつまでも元気で活躍できる状態を維持できると、それだけで医療費・介護費用の低減につながる。また、もし本人が望むなら、何らかの生産活動や社会活動で社会に寄与することもできる。未病化は社会的コストの削減に大いに役立つのである。

そのために必要になるのは、病気の早期発見、早期治療を目指した「P４医療の確立」である。P４とは、「Predictive（予測的な）」「Preventive（予防的な）」「Personalized（個人の特性に合わせた）」「Participatory（生活者参加型の）」の頭文字をとったものである。それを可能にするためには、生命科学の最先端技術の応用が不可欠なのである。

まず取り組むべきこととしては、例えばそれぞれの個人に即して、望ましくは新生児のころから細胞治療やがん免疫治療のための間葉《かんよう》系幹細胞の保存、および遺伝子情報（ゲノム、エピゲノムの情報）の保存などがある。

右で触れた間葉系幹細胞とは、骨髄、脂肪、歯髄《しずい》、筋肉、胎盤、靱帯、羊膜などの組織に存在する幹細胞のことである。増殖し分化し、生涯にわたって免疫調整などの自己治癒を担う細胞であり、加齢と生活習慣病のマーカーにもなる。幹細胞をあらかじめ保存し、比較することで、データバンクとして活用したり、将来、炎症抑制や細胞修復治療に活用できたりする可能性も膨らむ。

例えば、自分がある病気になりやすい遺伝子を持っているとする。遺伝子情報を調べて、比較することで、どのような経緯で病気が発症するかを予測でき、事前に生活習慣や環境などを変えることで相当程度に予防が可能になる。それは個人の特性に合わせた治療であり、個々人の参加が欠かせないのである。

もちろん、遺伝子情報は個人情報保護や生命倫理の観点から十分に慎重に扱うべきものである。遺伝子情報から将来、心身に障害が発生することが予測されるとして、それが前向きの医療に使われるとよいが、情報が漏れて差別を受けるなど社会的な不利益を被ることがあってはならない。

本人の意思を最大限尊重しながら、遺伝子情報を扱うのは当然のことである。現に日本においては、大学病院ごとにさまざまな取り組みが動き始めている。課題は、それらの動きを統合しスタンダード化することである。これからが正念場である。

現在、人は健康な状態からどのように病気に至るのか、さまざまな研究によって病気の因子や病気に至る過程が徐々に解明されつつあると言える。また、計測・分析技術が急速に進歩したことで、遺伝子情報を短期間にデータ化して、詳細に調べることができるようになった。

さらには、ウエアラブルセンサーなどの機器の開発によって、心身の状態を日常的に調べることも可能になっている。IoTなどの情報通信技術によって、生涯にわたって生体データをストックしていくことも可能だろう。

日本が異次元の高齢化によって、これから医療、介護のコストが膨らんでいくトレンドにあることは否定できない。iPS細胞による再生医療への期待感から、莫大な国費が投入されて研究が続けられているのも事実である。

再生医療が希望の光であることに異論はないが、過剰な期待は「人間は再生できる」という幻想につながり、多くの医療現場を混乱させる懸念もある。地に足のついたアプローチとしては、一人ひとりの生活者が病気にならず、健康な状態で寿命を延ばすことで社会の医療コストを下げていくことが、日本にとっては重要であろう。

「健康長寿」という言葉についてはー回触れておいたほうがよいだろう。すでに「八〇歳でも七割はほぼ健康」という事実は認識しておく必要がある。つまり、健康長寿とはさらにその年齢を上げて、例えば八五歳の七割を健康な人にしようという意味である。それは大変すばらしいことであり、今後の目標として不可能ではないかもしれない。

しかし、問題は高齢者の心の健康である。体は健康であっても、精神的に健康であるとは限らない。すでに指摘したように、日本における異次元の高齢化の最大の問題点は、それが都市郊外型の都市新中間層に起きていることである。

大都市郊外のコンクリート住居空間で、六〇歳過ぎに定年退職したあと、三〇〜四〇年、そこで生きていくのである。昔の農村共同体のような近隣コミュニティもなく、社会的関係の外に置かれて、「独居老人」としてそこに暮らす人たちが増えてくる。

加えて、人とのコミュニケーションもないままコンクリート居住空間に閉じ込められていたら、孤独感や寂寥《せきりょう》感にさいなまれ、精神的に異常をきたしかねない。都市郊外型の高齢化社会を分析して気づくのは、行政への異様なクレーマーの大半は「七〇歳以上の男性の高学歴者」という傾向である。帰属組織とのつながりを失った高齢者は、社会的に孤立感を高め、自己主張だけの暴走老人と化す可能性がある。

「保健・医療パラダイムシフト推進協議会」でもよく議論するテーマだが、肉体的に健康であることと精神的に健康であることは同義ではない。そういう意味において、医療のパラダイムシフトに求められる視界は広くなければならない。

肉体的にも精神的にも健康で、積極的に社会参加できる高齢者を一人でも多く生み出し、高齢者が社会を支える側に回る状況をつくっていく必要がある。医療のパラダイム転換の議論の先には、心の問題という大きなテーマが存在しているのである。

(2) 宗教ジェロントロジー——高齢者の心の問題と信仰

実はこれまでジェロントロジーの領域で、あまり議論がなされてこなかったのが高齢者の心の問題である。これからの異次元の高齢化社会にとって、最も重要なテーマの一つだと考えるべきである。高齢者の社会参画を考えるにあたって、心の問題を抜きにして語ることはできない。

そこで、心の問題の象徴的テーマとしての「宗教」に焦点を当ててみたい。国道一六号線沿いの東京郊外で進む高齢化の中核となる都市新中間層、つまり、かつてサラリーマンとして企業で働いてきた人たちにとって、宗教はいかなる意味を持っているのだろうか。

私の周囲では、一〇歳、二〇歳年上の先輩たちがぽつりぽつりと亡くなっている。伝わってくる話によると、子どもがいなかったため、本人の遺志で墓はつくらず、散骨することで弔いの儀式を終えたというケースもあった。

また、田舎の両親も亡くなり、「寺じまい」「墓じまい」をしたいという話も聞くようになった。ニュースやドキュメンタリー番組で報道されることはあっても、あまり実感を伴わなかったようなことが、身近で起こり始めている。改めて、今の日本で進行している事態に気づくのである。

少し前に『寺院消滅』(鵜飼秀徳著、日経BP社、二〇一五年)という本が話題になった。文化庁の宗教統計調査を見ると、全国に仏教系の寺院は七万七二〇六か所、神道系の神社は八万一〇六七か所、キリスト教系の教会は七一一九か所ある。ところが、寺はあっても寺院の中で住職がいないところが、すでに二万か所を超しているという。

一方で、教師にあたる人の数は神道系は七万六〇〇〇人、仏教系は三四万六〇〇〇人、キリスト教系は三万人、その他が一九万八〇〇〇人で、合計約六五万人が宗教の教師として存在している。信者数となると、神道系は八四七四万人、仏教系は八七七〇万人、キリスト教系は一九一万人、その他は七九一万人である。総数は一億八〇〇〇万人になる。

これは、それぞれの宗派が独自に数えて発表しているもので、結果として何重にもカウントされている場合があるため、実際の総人口を上回っている。とはいえ、外国人の中には日本人は宗教心がないと言う人がいるが、統計的に見ると、これほど多くの宗教施設があり、教師、信者が存在していることになる。

もはや「故郷」がない都市新中間層

しかし、ここで注視したいのは戦後日本の近代化、産業化というプロセスが進むなかで、大量に生まれた都市新中間層の宗教観である。

第2章でも触れたように、現在高齢化している都市新中間層は、かつてふるさとの田舎に両親を残して、東京の大学へ入学し、卒業したあとも首都圏の企業に就職した人たちである。まだ若かったころは、お盆や年末年始には故郷に帰省し、両親やほかの兄弟姉妹たちと先祖のお墓参りに行った。両親も亡くなり、骨を墓に納めたあとも、しばらくは同じようにお墓参りを続けたはずである。

ところが、直近の状況では、都市新中間層のサラリーマンの家庭に生まれた子どもも成人し、独立するころには、次第に生まれ故郷に帰省することも少なくなってくる。孫が生まれると、子ども夫婦にとっては、自分が住む都市郊外のニュータウンが帰省先である。孫たちを自分の生まれ故郷に連れていったとしても、孫たちにとってはほとんど記憶にない曾祖父、曾祖母が住んでいた遠い田舎にすぎない。自身にとっても故郷の意味が変わり、帰省する動機も薄れてくるのである。

そうなると、祖先の墓をどうするかという話が出始める。それぞれの事情に応じて、東京近郊に墓を移転したり、「墓じまい」をしたりするようになる。地方では人口減少が進み、檀家が少なくなり、法事も少なくなり、またお墓参りで寺院を訪れる人も少なくなってくると、いよいよ寺院消滅が現実のものになってくる。

都市新中間層にとっての宗教とは何だったのだろうか。よく言われるように、正月に初詣するのは神社、結婚式は教会で、死んだらお葬式は寺院でという戦後の流れをつくったのは、まさにこの世代である。そこには儀礼や儀式としての宗教はあっても、自身の心の問題と向き合い、生き方を考える宗教の存在は希薄である。

その一方で、宗教にまったく関心がないかというとそうでもない。都市郊外に住む高齢者には、強い思いで全国の寺社巡りをしている夫婦も多い。訪問先の寺院でお参りを済ませ、宝物館《ほうもつかん》で仏像や秘宝を拝み、人によっては般若心経を写経して帰ってくる。少しでも功徳《くどく》を積んだ気持ちになることができれば、それで十分なのである。

寺院も檀家の法事が減り、収入も下がっているため、どうしても「観光仏教」に傾かざるを得ない。拝観料をとり、お守りだ、お札だ、御朱印料だと、訪れた者がお金を落とす仕組みをつくることに熱心である。夫婦で京都や奈良の寺院を一日かけて回ると、驚くほどの出費になっていたという話もよく聞く。ちなみに、欧米の教会で拝観料のような名目でお金を徴収する例は極めて少ない。

一方で、田舎における地域のお祭りはすでに廃れてしまったものも多い。都市部の歴史ある神社などで行われるお祭りは、驚くほどの盛り上がりを見せている。神様に心から帰《き》依《え》をしているからお祭りを行うというのとは別次元で、一種の文化イベント主義のお祭り神道なのである。

コミュニティの消滅——必要な心の拠りどころ

寺院の住職がコミュニティの中で果たしてきた役割を考えるときに思い出されるのは、山田洋次監督の映画『男はつらいよ』シリーズに出てくる定番シーンである。

シリーズ第一作の公開は一九六九年で、舞台である葛飾柴又は、発展する東京の中にあって、昔の面影を残す懐かしさを感じさせる場所として描かれている。主人公のフーテンの寅は腰を一か所に留められず、いつもふらふらとして揉め事を起こすが、その寅を叱りつけ、諭すのが、笠智衆《りゅうちしゅう》が演じる柴又帝釈天《たいしゃくてん》の御前様《ごぜんさま》こと、坪内住職なのである。

かつての寺院の住職は、近隣に暮らす人たちの日常生活をよく知っていて、いざというときには表に出てきて、コミュニティの価値を示す基軸として機能していた。地方の町や村で、ちょっとした離婚騒動や家庭内紛争が起こると、調停役として登場するのは地域社会の後見人としての神主や住職であり、人はこうあるべきだという一定の価値観を示し、諭したものである。『男はつらいよ』のシリーズが製作されていた時期は、首都圏を中心に都市化が急速に進み、住人と心の交流を持つ柴又帝釈天の御前様のような存在が少しずついなくなり始めていた時代である。

そうした意味で興味深いのは、ニュータウンの宗教事情である。『寺院消滅』は、浄土宗の僧侶でもあるジャーナリストが書いたノンフィクションである。その中には、多摩ニュータウンで新たに住職を始めた笠原泰淳《かさはらたいじゅん》さんという僧侶が取り上げられている。高度経済成長期に人口が急増した多摩ニュータウンには相対的に寺院が少なく、浄土宗では開教拠点の一つに定めていたという。笠原さんはそれを受け止める形で新寺を設立したのである。

八年ほどサラリーマンとして企業に勤めていた笠原さんは、脱サラをして浄土宗の佛教大学で学び、僧侶の資格を取得した。二〇〇一年に、多摩ニュータウンの一部である東京都稲城市の団地の一室を本堂にして布教を開始した。二〇〇五年には東京都多摩市に中古の一戸建てを購入して新寺とし、二〇〇八年には法人格を取得した。取材時には二〇〇軒の檀家信徒を抱え、帳簿上は五〇〇軒ほどの信者とつながりがある、と同書には記されている。

私も多摩大学との関わりを通じて、多摩ニュータウン周辺の変化をつぶさに見てきた。この地に移り住んできたサラリーマン家族からすると、郊外に林立するニュータウンの中で勤務先へのアクセスと子どもの教育環境を考えた上での折り合いが最もいいからといった理由が主で、移り住んだ先がたまたまここだったという感覚が強い。生まれながらに参画してきたような地元の寺院、神社、教会に代わる精神的な拠りどころがないのは当然である。

都市郊外にも存在する氏神様へお祭りや縁日があるときに家族で行ったり、夫婦で散歩に出かけたついでに寺院にお参りに立ち寄ったりという関わりを持つ人は、それなりに多い。

しかし、猛烈サラリーマンとして、朝早く出勤して夜遅く帰る日常を現役時代に過ごした人にとって、一般的には地元の神社や寺院は縁遠い存在である。地域のコミュニティ活動に関心もなければ、参加したこともないのが普通だろう。家族は別としても、自身が帰属するのはあくまでも勤め先の企業であり、そこが自分の価値の源泉だったからである。アイデンティティーの源泉は「○○会社の○○さん」だったのである。住んでいるのはベッドタウンで、つまり寝に帰っていたのであり、そもそも地元づきあいなどは求めていなかったとも言える。

そうした人たちが定年退職を迎え、大量にあふれ出したのが国道一六号線沿いの団地・マンション群、ニュータウンなのである。周囲には、自分を会社の肩書きなしに独立した個人として認めてくれる人は、ほとんどいない。

会社のOB会があると元気になって出かけていき、かつての仲間と思い出話に盛り上がって、心の空白を埋める。近所に住む人の生活を温かく見つめて、必要なときに声をかけ、場合によっては叱ってくれる、柴又帝釈天の御前様のような存在はいないのである。

宗教への回帰

人間の心の空白を埋めることは容易ではない。特に、都市郊外型社会の問題は、その成立プロセスを考察すれば、心の拠りどころと関係なく、無機的に形成された社会に身を置いている点にあることに気づく。

ジェロントロジーの脈絡において、宗教心は大切だといった単純な話ではない。都市郊外型で進む高齢化の中で、心の充実という問題は極めて重要であり、それはとりもなおさず、現代の日本人にとって宗教とは何かという問題にも直結しているということである。

多くの日本人が親しみを感じている仏教は、世界の宗教学では「無神論」に分類される。釈迦の教えは絶対神に帰依するものではなく、基本的に自己錬磨のための教えであり、一人ひとりが自らの欲望を制御し、内面に向き合うための教えだと言える。

もちろん、仏教史の流れを追うと、インドでは民間神の信仰を取り込み、シルクロードを経て中国、朝鮮半島と伝来して日本にたどり着くころには、例えば、阿弥陀如来を中心に置く阿弥陀信仰なども生まれて、「大乗仏教」という形で釈迦の時代とは宗教の性格を変えてきた部分もある。

仏教は唯一神への絶対帰依を基本とする一神教とは大きく性質を異にする。二一世紀の現代においても、中東一神教のユダヤ教、キリスト教、イスラームが世界で大きな力を持ち、絶対神に帰依することにより、妥協なく異教徒との対立を深め、世界のあちこちで衝突のエネルギーが高まっている状況にある。

日本の都市郊外のニュータウンの希薄な宗教性という心象風景は世界の動きから大きく

乖離し、いま世界で進んでいる不気味なまでの宗教のよみがえりの意味が見えてこない。信仰のためには人を殺し、戦争まで辞さないという宗教原理主義の心理も、またロシアでプーチンがロシア正教を軸に国家を束ねようとしている意味も、多くの日本人には肉体感覚として理解できないのである。

「多様性の共存」という意味では、日本の宗教状況、特に都市郊外の希薄な宗教性は、宗教対立や強制のない好ましい状況なのかもしれない。だが、心の安定にとって、深い宗教性が求められるときがある。それまでの組織社会との関係を断ち、一〇〇歳人生とはいえ次第に人間として「死」というテーマに近接していくにつれ、都市郊外の高齢者にとって「魂の基軸」という支えが大切になってくる。

宗教は人間の意識が生み出したもので、先述のＡＩ（人工知能）の時代においても、人間の心の深部に由来する意識をＡＩが代替することはできない。人間として生きる意味、情熱を燃やすべき価値、行動の規範となる美意識において「宗教」は重みを増すはずであろう。その意味で、ジェロントロジーにおいて、「新しい宗教観」というテーマは柱となるのである。

本章で「第三の知能」という見方について言及した。第一の「流動性知能」や第二の「結晶性知能」を超えて、年齢を重ねるごとに、人間としての心の内側を見つめる「第三の知能」としての「唯識性知能」が大切になると考えるからである。

人間の意識の深部を探るという意味で仏教の「唯識論」は深い。本書は宗教書ではないので、仏教思想における唯識論にはこれ以上踏み込まないが、五識（眼識、耳識、鼻識、舌識、身識）を超えた九識、特に心の練磨によって末那識《まなしき》、阿頼耶識《あらやしき》といった無意識の領域を視界に入れるべきだろう。

心の安静、魂の拠りどころとも言える精神性に至ることを志向することは、機械（ＡＩ）が人間を超えると言われる時代にあって、「人間とは何か」を確信することにおいて重要な意味を持つと思われる。これも「知の再武装」の視界に入れるべきことだと私は考えている。

(3) 金融ジェロントロジー——老後生活の防衛から社会参画へ

さて、ジェロントロジーの議論が早くから行われてきた分野が、金融である。証券会社、保険会社も最近、「金融ジェロントロジー」という言葉を使って、新たな顧客を開拓しようと努めている。高齢者が将来にわたって安定した生活の基盤を成り立たせるには、やはり「お金」は大切であり、ジェロントロジーの議論の中でも宗教と並ぶ大切なテーマと言うべきだろう。

そこで、六〇歳以上の無職世帯の可処分所得を見ると、平均年額一六七万円にすぎない。この場合の可処分所得は、年金と所得から社会保険料を引いたものである。「家計調査年報」によると、家計における平均生活費は二二八万円であり、単純に言えば年間約六一万円が不足する。その分は資産を取り崩していると考えられる。

ただし、現在の高齢者層はまだ恵まれていると言える。日本が右肩上がりの一九六〇年代から八〇年代にかけて壮年期を送り、勤労者世帯の可処分所得が増え続けた世代である。一定の貯蓄と資産を確保できただけ、現役世代よりもはるかに恵まれている。

マンション、ニュータウンの住居のローンは払い終えて定年を迎え、一定の貯蓄と金融資産を手にしている高齢者は多いはずである。現役世代の可処分所得が一九九七年のピーク比で減ったことはすでに指摘したとおりである（第1章）。ピークからすでに二〇年経過しており、現在六〇歳前後の現役世代は失われた所得を積算すると、八〇〇〇万～一〇〇〇万円程度、貯蓄できないまま高齢者になることになる。

ＯＥＣＤの統計で日本の現役世代の平均年収とリタイアした人の平均年収を比較してみると、リタイアした人の平均年収が大きく下がっている。欧州の国の中には、リタイアした人の平均年収のほうが現役世代の年収よりも多いケースも見られる。年金制度が充実しているだけでなく、リタイア世代が金融資産を持って運用しているからである。

実際、日本の金融資産の大半は、高齢者が所持している。総務省家計調査・貯蓄編の国民の金融資産保有状況（二〇一四年）では、六〇歳以上が貯蓄の五八％、有価証券の七二％を保有している。

拙著『シルバー・デモクラシー』（岩波新書、二〇一七年）で指摘したように、高齢者は株価の動きに最も敏感で、アベノミクスの名のもとで行われている金融政策主導による日本銀行の上場投資信託（ＥＴＦ）買いや、年金積立金管理運用独立行政法人（ＧＰＩＦ）が行っている株式投資の拡大などによる株高誘導政策に、拍手を送る傾向にある。若い世代は有価証券の保有率が低く、自分の働く業界の好況感以外の要因で株高にあまり興味を抱くことがないのと対照的である。

何年か前に、こんな話が噂になった。島津製作所に勤めていた人物が定年退職した。高卒で入社し、以来、毎月給料をもらうたびに従業員持ち株制度で少しずつ株式を買い増してきたという。約四〇年間勤め上げて、定年退職を迎えたとき、保有していた株式の時価総額は六億五〇〇〇万円になっていたというのである。

こうした逸話はさまざまな大手メーカーにもあり、トヨタを勤め上げた従業員は二億円だった、別の会社では五億円だったと話題になる。就職した企業がどんどん右肩上がりで成長し、入社した社員もそれに併走しながら、充実した会社人生を送り、十分すぎるほどの資産を持って定年退職を迎えることができたという、よき時代を象徴する一種のサクセスストーリーである。

しかし今、その人物に子どもがいたとして、どの企業に就職すれば自分と同様に、将来の退職時に数億円単位の自社株資産を持っていられるかと考えたとき、確信を持って答えることは難しいだろう。

かつては極めて安定した就職先とされた銀行でさえ、実際に入行してみると統合合併が繰り返され、そのたびに合理化の名目で人員整理が行われる。先の読みにくい世界経済の中で、自分が老後に安定した経済基盤をどう構築していくかは、現役世代にとっても大きな課題である。

しかも、高齢者の現実をよく見ると、極端な二極分化が進んでいる。二〇一五年時点での高齢者人口三四〇〇万人のうち、約二〇%の七〇〇万人は金融資産が一〇〇〇万円以下で、年金と所得の合計が二〇〇万円以下の「下流老人」である。

一方、約一五%の五〇〇万人は金融資産が五〇〇〇万円以上で、年金と所得の合計が一四〇〇万円以上の「金持ち老人」である。残りの約二二〇〇万人は「中間層老人」となるが、病気・介護・事故などがきっかけになって、下流老人に転落する事例が急増しているという。

生活保護を受給している一六四万世帯のうち八三万世帯が高齢者世帯であり、「貧困化する高齢者」問題も深刻である。「老後破産」「親子破産」といった言葉が取り上げられることも多くなった。

貯蓄から投資へ――的確な判断の必要性

そこで、証券会社や保険会社といった金融機関が「金融ジェロントロジー」の名で高齢者に呼びかけているのは資産の運用である。マイナス金利の時代にあっては、いくら資産を貯金しておいても何も利息を生まない。

ブラックロックなどの世界的な資産運用会社は、フィンテックを駆使した安定的な年金運用を謳《うた》って、投資を募っている。もちろん、元本を保証しない投資にリスクはつきものであるが、資産を貯金から投資へ向けるのは確かに一つの考え方だろう。

二〇一八年一月から、「つみたてNISA」（小額投資非課税制度）がスタートした。これで、非課税で資産の運用ができる制度は、①二〇一四年にスタートしたNISA（毎年一二〇万円、五年で六〇〇万円の非課税枠として資産運用可能で、一七年末で残高七・七兆円）、②iDeCo（イデコ、個人型確定拠出年金）に加え、三つとなった。

これらの制度に参画するには、一定の勉強が必要であり、知恵が問われる。主体的に金融を学ぶことは、高齢化社会に向き合う上で大切な要素となっている。投資を通じて経済・産業・技術の新たな動向に向き合うことは、マネーゲームに関心を抱くことよりも、時代と並走する緊張感を維持する上で重要である。

『金融ジェロントロジー』（清家篤編、東洋経済新報社、二〇一七年）など、すでに出版されている金融ジェロントロジー関連の書籍は、高齢化社会を金融がどう支えるかという視点で書かれたものが多いが、その実際は、資産を金融機関に貯蓄や投資という形で預けている高齢者が加齢によって認知機能が失われた場合、そのリスクはどうするかといった議論だったりする。

先に、国道一六号線沿いのニュータウンのコンクリート居住空間に引きこもった高齢者が精神に異変をきたす可能性について触れたが、まさに金融ジェロントロジーの領域では、高齢者の精神状況や認知能力が現実の大きな問題になっているのである。

もちろん、高齢者の側が自ら金融を学び直し、知識を身につけることは重要である。資産の運用を投資会社に丸投げして、マネーゲームで得られた利益の還元を期待するよりも、二一世紀の日本を支える技術や事業を応援するという立場から、有望な企業やプロジェクトを見つけ、その活動を育てるために投資を行うという考え方もある。高齢者の社会参画としては、はるかに健全で有意義な方向かもしれない。儲けだけを求める「売り抜く資本主義」ではなく「育てる資本主義」である。

もちろん、それを行うのは容易なことではない。日々変化する経済の動向を把握し、その中から未来につながる可能性のある企業活動を自分で見極めなければならない。経済一般の勉強も必要ならば、個々の事業を見極める力、さらには自分なりの投資哲学も必要である。

きっかけは、ある製薬会社が自分の関心のある高齢化に伴う病気に効く新薬の開発に投資を求めているといったことでもよい。そこから焦点を絞って自分なりに研究するのである。このほか、社会的な貢献を目指す民間団体や基金が募るファンドに参画する方法もある。自分の欲と道連れの資産形成をするためだけでなく、次の時代をより安定化させ、自分が納得できる社会にするための金融ジェロントロジーという考え方もあってよいのである。

前章で「知の再武装」という言葉を使ったが、経済の動きと向き合い続けるために、産業と技術の動向を学ぶことも「知の再武装」であることは間違いない。

第5章　高齢者の社会参画への構想力

——食と農、高度観光人材、NPO・NGO

都市郊外型高齢者の社会参画とは

すでに述べてきたように、これまで考えられてきた日本社会の制度・システムは、異次元の高齢化を十分に想定し、その問題点への対応に具体的に踏み込んで構想してきたものとは言えそうにない。

高齢者はいわば生産活動からの引退者であり、社会参画を考慮する対象外の存在と考えられてきた。ところが「一〇〇歳人生」が現実のものとして迫ってくると、高齢者を想定外の存在とするわけにはいかなくなってきた。

日本における異次元の高齢化の流れの中で、都市郊外における高齢者が急増していることはすでに指摘したとおりである。退職後の約四〇年間をコンクリートのブロック空間に囲まれたニュータウンで、周囲からは社会的な役割を期待されないまま暮らすとなると、ますます社会との接点を失ったと感じ、精神的にも不安定になりがちである。

これから求められるのは、高齢化し単身化している都市新中間層をより健全な形で社会参画させ、社会を支える力として組み込むことである。高齢者が能動的に社会システムに参画できるプラットフォームを真剣に構想すべき時期が来ているのである。

そのとき、高齢者の潜在能力を活かし、社会に招き入れることで社会を安定させていくという方向感が大切である。それは高齢者一人ひとりの精神を健全に保つためだけではなく、日本が迎えている長寿社会を全体としてより健全にしていくための大きなポイントである。ジェロントロジーを高齢化社会工学と訳すことの意味は、ここにある。

高齢者の潜在能力を活かすというと、労働力不足が深刻な問題となり始めている現在の日本では、すぐに「定年延長」の議論になりがちである。確かに、健康寿命が延びて、まだ体力も気力も充実している六五歳以上を、果たしてこれまでどおり、高齢者と呼んでいてよいのかという疑問は残る。

この背景には、第2章で論じたように、一五歳以上、六五歳未満を生産年齢人口とする考え方がある。一般企業では現在、定年退職の年齢を六〇歳から六五歳に延長しようという動きが拡大している。また、公務員でも六五歳での定年を検討する流れがある。

それに合わせるように、年金支給の開始年齢を現在の六五歳から六八歳、さらには七〇歳へとずらしていくべきだという議論も起きている。高齢者を福祉、年金、介護などの社会的なコストとリスクと捉え、少しでも負担を減らしたいという発想でもある。

確かに、「定年延長」あるいは「生涯現役」として高齢者の就労機会を拡大することも重要だ。しかし、同時にこれからは高齢者の仕事の中身を社会の発展と安定に資するものにしていく努力が求められる。定年延長が組織の固定化と高齢者支配を定着するように機能してしまっては意味がない。「健全な形での社会参画」は、単なる「定年延長論」からは見えてこないのである。

仕事を二つに分けて考えるとわかりやすい。仕事には「カセギ」と「ツトメ」という二重の意味がある。

例えば、六五歳までの仕事は自分と家族の経済生活の展望を確立するための「カセギ」に重点を置き、六五歳以降の仕事は社会への貢献、「ツトメ」を果たすことに重心を移していく。もちろん単純な切り替えではなく、働くことの意味を年齢とともに再考し、「知の再武装」の中で比重を次第に移していくという意味である。

高齢者が経済的強者と弱者に二極化している現状にあって、都市新中間層をしっかりと視野に入れた社会参画の構想を持つことが必要である。

すでに触れたとおり、この層は今後、このままだと社会不安の潜在要因になる可能性がある。政治的、社会的に次元の低い意思決定を支える「シルバー・デモクラシーのパラドックス（高齢者による高齢者のための政治）」に陥ってしまうことも考えられる。社会を支える側に立って、充実した社会参画の実感を持った老後を過ごせる社会の仕組みを構想していかねばならない。

(1) 農業ジェロントロジー――食の自給率を問い直す

高齢者にとって重要な社会参画の分野として、まず最初に挙げておきたいのは、「食と農」である。

都市新中間層は長年にわたって、食べ物を生産する側ではなく、消費する側としてだけ存在してきた。それは都市新中間層が日本の産業構造の変化（工業化とサービス化）とともに生まれてきた存在だからである。

戦後の日本は工業生産力で外貨を稼ぐために、労働人口の比重を第一次産業から第二次産業へと大きく移した。国際分業の中で「食べ物は自国でつくるよりも、外貨でまかなった方が効率的だ」という国のあり方を選択したのである。

カロリーベースで見た食料自給率は一九六五年に七三％であった。しかし、一九八〇年には五三％、二〇一六年には三八％にまで下がり、先進国と呼ばれる国の中でも、日本は突出して食料自給率が低い国になった。その結果、二〇一七年には実に七兆円もの食料を海外から輸入する国になっているのである。

都市郊外型のベッドタウンの食料自給率は実質ゼロである。都市新中間層の第一世代の多くは、第一次産業を営む地方の家庭に生まれ、東京の大学に進学して企業に就職し、首都近郊に住まいを持った者たちである。

団塊の世代を筆頭に、戦後生まれのサラリーマンは結婚すると子どもをもうけ、従来とは異なる西洋化したライフスタイルを送るようになった。「ニューファミリー」という言葉も生まれ、「食料はお金で買うものである」という感覚が普通になっていった。

そこで、ふと気がついてみると、都市化の帰結として、食に関して身の回りの地域では自分たちが生きていくのに必要とする食料はほとんど生み出さず、消費活動だけが行われるという不思議な空間が生まれていたのである。

結果的に、現代日本人の「食」のライフラインは、全国に五万六〇〇〇店にも上るコンビニエンスストアと三二〇〇か所を超したショッピングセンターによって維持され、「食」の基盤を自らつくる意思を見失った高齢者群を生み出してしまった。

先述のごとく、二〇一七年の食料自給率の低下は日本の産業構造が持つ欠点が表れたものである。海外からの食料輸入は七兆円、農林水産物・食品の輸出は八〇七一億円で、六兆円以上の赤字である。稼ぎ頭の鉄鋼、エレクトロニクス、自動車などの輸出で得た儲けのかなりの部分を食料の輸入に費やしている構図が浮かび上がる。

しかし、二一世紀に入り製造業の海外移転が進み、海外生産比率は四割を超える流れにある。工業生産力を高め、「食べ物は自国でつくるよりも、外貨でまかなった方が効率的だ」という考え方は単純には機能しなくなりつつある。「食」は国民生活の基盤であることを考えると、日本の不安定性が増しているとも言えよう。

先日、米国で議論をしていて気づいたことがある。それは、「米国は就業人口の二％で農業を支え、一三〇％の食料自給率を実現している。ウォールストリート（金融）とシリコンバレー（IT）が大儲けしているようだが、実はファンダメンタルズとして食が安定している」ということである。米国の安定性の基盤が食と農にあることを知らねばならない。

幸福な食との付き合い方

都市郊外型の高齢者を参画させ、都会と田舎の「交流」によって、日本の「食と農」を再生させる構想は推進に値するであろう。そのことによって、食料自給率を六〇%に増やすことができれば、日本の産業力の重心が下がる。

食料の輸入を七兆円から二兆円減らし、民間と政府の努力により食料の輸出をさらに一兆円増やせれば、食の外部依存を軽減し、産業構造を変えることができるはずである。

人間は自分の存在の根源を問い詰めると「食」の大切さに気づく。かつて、ホモ・サピエンスの先祖が、アフリカの森の木から下りて、雑食をするようになり、次第に、狩猟から農耕へと歩み出したころから、食への工夫が生まれたのである。工業化社会へと傾斜し、食料自給率を三八%にまで下げた戦後日本に生きる私たちは今、新たな問題意識で食に向き合わねばならないだろう。

一方で、日本は現在、年間六〇〇万トン以上の食べ残しを廃棄している。昔の童謡「お百姓さんの歌」で「蓑《みの》着て　笠着て　鍬《くわ》もって　お百姓さん　ご苦労さん」という歌詞がある。農耕社会では米粒をつくった人たちのことを思い、感謝する価値観があったが、現代の日本人はすっかり、それを忘れてしまったかのようである。

自省を込めて言うならば、私自身を含む団塊の世代は、まさにその先頭を走ってきたとも言え、批判できる立場ではないのかもしれない。しかし、年間六〇〇万トン以上の食べ残しという数字を聞くと、改めて食の大切さを思わざるを得ない。

私は、多摩大学で食と農に関する（農業の現場を体験する）プロジェクトを試みている。都市郊外型の大学として、多摩ニュータウンなどと向き合い、可能な限り都市郊外の高齢者を食と農というテーマを自らの問題として正視する機会を増やしたいと考えるためである。そこで出会うさまざまな人たちから意見を聞いていると、やはり命は食あってのものだということを実感する。

ベテランの農家の人たちが持つ言葉の重みや深みは、命がけで自然と向き合っているから生まれるものだろう。交流というプロジェクトを通してであれ、自然と向き合うことでしか学べない荘厳さがある。

また、生命の大切さや生物の進化、環境の多様性などについての気づきが生まれることもある。「食と農」への関わりを通じて、人間は多くのことを学ぶ。都会で暮らす人たちが決定的に忘れているのはまさにこの点である。これが、都市郊外型の高齢者には田舎と都会の交流が必要だと考える理由の一つでもある。

私が監修を務める『全47都道府県幸福度ランキング　二〇一八年版』（東洋経済新報社、二〇一八年）を見ると、幸福度の第一位は北陸地方の福井県である。

福井県に富山県、石川県を含めた北陸三県、さらには近隣の長野県が上位に位置しているのが目を引く。「自分の尻の下」という表現があるが、人間の幸福という観点からは生活の基盤が充実していることが重要だということでもある。

例えば、自分が庭仕事、畑仕事に参画して少し努力すれば、日常に必要な食べ物はある程度まで調達できる。こういった環境は安定感を生むと同時に、その地域にしっかりと根を下ろして住んでいるという感覚にもつながるだろう。

サラリーマンとして企業に勤め、転勤で三年ごとに日本各地の都市を点々と引っ越しを余儀なくされるような生活のスタイルではない。自分の家を持ち、その地域に根ざして社会の中で自分の花を開かせていくことで、深い充足感・安定感が得られるのも事実である。

幸福とは、主観的なものでもある。『全47都道府県幸福度ランキング』は過去四冊刊行されているが、東京は第一位ではなく常に第二位となっている。これは、産業力や文化力も注視した総合的な分析だからである。

ただ、食をベースにした安定という観点からは、日本の田舎こそ幸福につながる基本要素を保持しているということになる。自分自身が実際に田植えをしたり、畑を耕して野菜を育てたりする。至近距離に第一次産業があることは大変重要なのである。

知人の一人に山形県に移り住んで先端技術の開発をしている男がいる。生活の様子を聞くと、いつも近所の人が持ってきてくれるので、お米や野菜は買ったことがないという。

地方ではよくある話かもしれないが、ニュータウンに暮らす人にとっては、お米というと、スーパーに行って、ブランド名の書かれた袋に入った精米済みのお米を選んで買ってくるのが常である。人付き合いの中で、近所の人が実際につくったものを持ってきてくれるのとは、同じお米でも思いがまるで違うだろう。

地方であれば、その気になれば、自ら農作業を手伝ったり、就農したりしようという気になるかもしれない。それができるのも、身の回りに田畑があり、農業が生きている地方だからこそである。

都会と田舎の交流を考える

シニアが食と農に関わっている一つの例として私が注目しているのは、長野県飯綱町《いいづなまち》の「浜っ子中宿農園・美味しいリンゴ作り隊」である。浜っ子中宿農園は横浜の団塊の世代を中心とするシニア仲間十数名による実験的リンゴ園で、代表の小泉正夫さんが二〇〇五年に飯綱町で第二の人生として田舎暮らしを始めたことをきっかけに始まった。

小泉さんの住まいの隣の人が亡くなり、リンゴ畑の跡継ぎがいなくなったことから、なんとかリンゴ畑を続けたいと、横浜のテニス仲間に呼びかけ、地元農家に技術指導を仰ぎながら、二〇一〇年からリンゴ栽培を始めたのである。

二〇一七年にはダンボール一〇〇〇箱を出荷。冬に行う剪定《せんてい》や籾殻燻炭《もみがらくんたん》、牛糞堆肥《ぎゅうふんたいひ》による土づくりに始まり、摘花、摘果、除草などの管理を経て、品種ごとの適期に合わせ、九月から一二月に収穫する。

選別や箱詰めも自ら行い、丹精込めたリンゴを日本全国に配送している。選別から漏れたリンゴを用いて、ジュースやジャムなどの加工品もつくるほか、最近ではプルーンやサクランボの栽培も始めている。

メンバーのほとんどは、現在も生活の基盤を横浜に置いている。仲間で飯綱町の農家を一軒借りて、年間の栽培スケジュールに応じて合宿をしながら作業を行うのである。地元の人たちとの交流も活発で、秋祭りなどにも参加し、刺激を与え合っているという。

志賀高原から昇る太陽を眺めながら、その年ごとの気候の変化に合わせて木々の世話を行い、リンゴの花が咲き、果実が大きくなるプロセスを見守るのは、都会ではとても味わえない時間の過ごし方である。

自ら育て収穫したおいしいリンゴを味わえる喜びもあれば、同時にリンゴ栽培を事業として形を整えていく使命感、そして全国の購入者から共感の笑顔が返ってくるときの充実感もある。

こうした経験に向き合うと、人間としてのものの見方が変わる。日本の「食と農」のあり方についても考えるようになり、各地で食を支えている農家への深い理解も生まれることだろう。

「交通インフラ」という追い風

こうした田舎と都会の交流は決して特殊なことではない。以前と異なっているのは、田舎と都会の交流がより加速するための条件が整いつつあることである。

新しい交通インフラの整備が進み、田舎と都会の交流の範囲と利便性が大幅に拡大している。このテーマで私が注視しているのが「相模原《さがみはら》モデル」で、新しい交通インフラで生まれる人の移動とスーパー・メガリージョンの姿を考えるためのモデルとなるものである。

神奈川県相模原市は人口七二万人を擁する政令指定都市である。神奈川県の内陸部にあり、東は東京都町田市、南は神奈川県の座間《ざま》市、厚木《あつぎ》市、大和《やまと》市、北は東京都八王子《はちおうじ》市などと接し、まさに市役所の前を国道一六号線が横切っている。相模原市は現在進んでいる新しい交通インフラの整備によって、地域の中核都市となる可能性を秘めているのである。

二〇二七年には、東京・名古屋間でリニア中央新幹線の開業が予定されている。始発となる品川駅の次の駅が、いわゆる「中間駅」の一つとして相模原市のJR橋本駅付近にできることが決まっている。

リニア中央新幹線は東京・名古屋間をわずか約四〇分でつなぐ。八王子、立川《たちかわ》などの東京西部や横浜方面などの住人は横浜線に乗って橋本駅で乗り換えて、リニア中央新幹線を利用することになるだろう。新駅からは品川駅にも、甲府駅にも十数分で到着する。長野県の飯田駅へ三十数分である。都心へのアクセスとさほど変わらない時間で、自然に恵まれた地方都市へアクセスできるのである。

交通インフラでは、国道一六号線に並走する高速道として圏央道（首都圏中央連絡自動車道）の建設が進んでいることも大きい。圏央道は神奈川県横浜市金沢区を起点に、相模原市を通り、東京都八王子市、青梅《おうめ》市、埼玉県久喜《くき》市、茨城県つくば市、千葉県成田《なりた》市、茂原《もばら》市、木更津《きさらづ》市などを結ぶ環状の自動車道である。東名、新東名の高速道路、中央、関越、東北、常磐《じょうばん》、東関東など、東京を起点に放射状に伸びる各自動車道へのアクセスが容易になる。

既に、二〇一七年春の段階で、成田空港から東京を大きくループのように取り巻く圏央道が、藤沢インターまではほぼ完成した。利用者の増大を受けて、二車線部分の四車線への転換も決まった。東京都心に入らずに、外縁をクモの巣のように取り巻く首都圏三環状

（圏央道、外環道、首都高速中央環状線）ができることで、高速道路網は劇的に便利に機能するようになる。

交通インフラの整備を一つの追い風にして、スーパー・メガリージョンが誕生し、今まで以上に活発な田舎と都会の交流が生まれる可能性がある。都市郊外に住む高齢者たちは、最初のうちはリニア中央新幹線に乗ったり、圏央道を利用したりして、地方のおいしい料理を食べ歩きに出かけるかもしれない。

そのうち、地方の新鮮な食材に慣れ親しむうちに、気に入った場所に拠点を定め、ひと月に数日ずつ農村部で過ごしながら、趣味で野菜づくりを行ったり、あるいは地元の農業従事者たちと交流を深めて農作物の生産の一部の手助けを始めたりすることもあるだろう。移動と交流の産業インフラが整うと考えてよい。

変わる農業——農業ICTの時代へ

田畑での作業は体力的にきついという高齢者もいるかもしれない。しかし、農業も従来の姿から大きく変わりつつあり、農業生産法人（株式会社農業）という形で、すでに一万七〇〇〇の法人が動いている。システムとしての農業に、部分的に自分の特色を生かして参加する、柔かい発想が可能である。

現在、日本の農地は四五〇万ヘクタール、農耕放棄地は四二万ヘクタールとされるが、この農耕放棄地を活用し、飼料穀物や野菜、果物を栽培して輸入代替を図り自給率を上げる構想は現実性がある。

「株式会社農業」などによるシステムとしての農業を受け皿とし、分業としての農業、都市居住者が応分に参画しやすい農業をつくることは可能であり、様々な企業が「食と農」への取り組みを始めている。

例えば、NTTドコモが推進する「農業ICT」は「日本の農業をモバイルで元気にする」という狙いで、農業を活性化するためのICT活用を図っている。今後の「食と農」にとって、ネットワーク情報技術は不可欠である。農業の担い手も不足してはいるが、一方で運営のためのノウハウを持つ働き手も不足している。

健康な高齢者が実際に体を動かして農業に従事するケースもあれば、各自の体力に合わせて、農業を支える仕事に携わるケースがあってもよい。長年、企業で経理を担当してきた人が株式会社農業の経理をサポートする。商社で営業を担当してきた人が生産される農産物の販路拡大を手伝うのもよいだろう。

それぞれの能力に合わせて、食の生産に参画しやすいシステムを柔らかくつくっていくことが、これから重要になる。都会と田舎の移動と交流による呼応関係によって、新しい食と農の仕組みが構築され、食のパラダイムが変わるのであれば、意味のあることだろう。歴史のネジを巻き戻して、「脱・工業化時代」の社会形成が求められている。

ＪＡのような農業団体の側からも、農業のＩｏＴ、つまり情報ネットワーク革命という視点は重要になっている。農村と都会、つまり生産者と消費者の双方の情報ネットワークで連結し、きめ細かく効率的な「食と農のシステム」を実現すべき時代にある。都会の高齢者を巻き込むことは、極めて現実的な課題なのである。

地球全体を見渡しても、人口増は加速している。二〇一七年に七五億人を超した世界人口は、二〇五〇年には九〇億人を超すと予想される。食と農はますます重要であり、日本としても食を安定させる試みは不可欠である。都市郊外型の高齢者を食と農のプロジェクトに参画させる知恵が求められる。

(2) 観光ジェロントロジーの可能性——高度観光人材としての高齢者の参画

高齢者がこれからぜひとも参画すべきジャンルに観光産業がある。一般のサラリーマン家庭が実際に使える所得である「勤労者世帯可処分所得」が一九九七年以降、二〇一七年の段階でも年間七六万円下がっていることはすでに指摘したとおりである。理由の一つは就業人口構造の変化である。

特に二〇〇〇年から二〇一七年の間に、製造業で二六九万人、建設業で一五五万人の雇用が減り、サービス業で五八六万人の雇用が増えている。サービス業で増加が目立つのは医療福祉業で三八七万人、その他、運輸業、郵便業、警備業などである。

一方で年の平均雇用者報酬を見ると、サービス業は三九〇万円で、建設業と比べて七六万円、製造業と比べて七〇万円低い。モノづくり産業の製造業、建設業からサービス業へと雇用が移ることで、勤労者世帯可処分所得が減ったと見ることができる。しかも、雇用が増えたのは、きつい労働の割に報酬が低い分野なのである。

すでに『新・観光立国論』(NHK出版、二〇一五年)でも議論したことだが、今や日本の就業人口の七割が第三次産業就業者という「ものをつくらない人」、広義のサービス産業従事者なのである。勤労者世帯可処分所得を押し上げるため、ひいては日本のGDPを上昇させるために必要なのはサービス産業の高度化であり、高付加価値化だということがよくわかる。

観光産業はサービス産業の中でも中核的な成長産業である。二〇一八年には訪日外国人旅行者（インバウンド）が年間三〇〇〇万人を突破する勢いだ。日本政府は東京オリンピックの二〇二〇年には四〇〇〇万人、二〇三〇年には六〇〇〇万人のインバウンド誘致を目標に掲げている。

現在の観光産業は運輸サービス、宿泊、さらには飲食、土産物などの小売までを含めた雇用がおおよそ五〇〇万人と考えられる。もし年間六〇〇〇万人の外国人来訪者を取り込むとすると、IT化などにより観光産業を効率化したとしても、最小限でも現在の倍、八〇〇万人程度の人材需要が発生すると見込まれる。

特に、ハイエンドリピーターに対応する高度観光人材、つまり付加価値の高い観光を支える人材が必要となってくる。問題はこれほどの人材をどこから確保するのかである。人材不足は観光立国の足かせになりかねないのである。

観光人材のパラダイムシフト

観光産業は裾野が広く、観光のテーマ設定や目玉づくりによっては日本の全国各地で成り立ちうる産業である。

観光地経営の視点に立った観光地域づくりの舵取り役として、ＤＭＯ（観光地域経営組織）と呼ばれる法人の設立が進んでいるが、問題はその人材の確保である。ＤＭＯの人材には地元の観光資源への理解や愛着だけでなく、多様な関係者と協同しながら、観光地域づくりを実現するための戦略を策定、実施する高度な能力が求められる。

経済産業省では観光人材パラダイムシフト構想として、人材育成を急いでいる。当面は経団連に加盟する大手企業から四〇～五〇代の経験豊かな中堅層を輩出してもらい、必要な研修プログラムを受けてもらうことで、各地域のＤＭＯの人材としていくことなどが考えられる。

とはいえ、観光産業の現状を見ると、有名ホテルの従業員でも年間の所得は公務員給与よりも低い水準に留まっている。大手企業で働く四〇〜五〇代の中堅層にとっては、観光産業への輩出は人員整理の一環と受け取られかねない危うさもある。

それであれば、仮に年収五〇〇万円程度であっても、健康な高齢者から希望を募るべきであろう。専門の研修プログラムを受けてもらって、しっかりとした資格認定をして、DMOの人材など観光の現場を支える人材として確保する方法がある。

あるいは、定年が近づき、退職後の生き方を考え始めた五〇代の社員に、まだ企業にいるうちに研修プログラムを受ける機会を提供するのである。現役社員の単身赴任という形ではなく、退職後にキャリアや経験を活かしたUターン、Iターンの促進にもなるはずである。

考えてみると、都市郊外型の高齢者は働き盛りのころに海外赴任を経験した人も多い。一九九〇年代に日本企業が勢いよく海外へ進出した時代に、外国でさまざまな経験を積み、知見も蓄えている。英語等の語学に堪能な人も多い。

また、前章の宗教ジェロントロジーの項で触れたように、自分の高齢化に向き合い、自らの生き方を探ることは、他人に対する思いやりや気配り、つまりは高いレベルのホスピタリティへとつながっていく。

観光産業はさまざまな意味で、高齢者ならではの幅広い知見や洞察を活かせる分野なのである。観光ジェロントロジーという分野で、高齢者が観光に携わるために必要なカリキュラムを組み、研修プログラム、そして資格制度設計を構想することが急がれる。

(3) NPO、NGOへの挑戦——非営利的仕事への参画主体として

三番目の柱はNPO、NGO人材への挑戦である。内閣府の統計によると、認証NPO法人数は一貫して増加しており、二〇一七年三月末現在で五万一八七二団体である。また「平成二九年度 特定非営利活動法人に関する実態調査」によると、現状ではNPO法人に「職員」として勤務している高齢者は意外に少ないが、「代表者」として活動している人は比較的多いことがわかる。

私も研究会などで、高齢者となった団塊の世代でNPO、NGOを立ち上げる人たちから話を聞く機会がある。現状はというと、あまり肯定的なものではなく、小さな組織は内部での争いだらけである。社会貢献、社会参画といっても、「俺は偉いんだ症候群」にか

かった高齢者が率いてしまうと、そのNPO、NGOには若い世代は集まってこない。

例えば、ある都営団地では高齢化が進んでいるため、世代を超えたコミュニケーションの必要性から、積極的に若い世代を住まわせる試みを行った。しかし、実際に住んでみると若い世代は高齢者が中心の自治会からコミュニティへの参加や地域貢献を半ば強制されるようになり、次第に疲れて転居してしまうという問題も起こっている。

高齢社会対策大綱に書かれているような、世代間の支え合いによる幸せな高齢社会を、現実を見ないまま安易に実現しようとすると、失敗するのは目に見えているのである。

NPO、NGOは非営利団体であることを謳っているためか、組織の運営が甘くなりがちな側面がある。当たり前のことだが、NPO、NGOの経営にも専門的なノウハウが必要だということである。

アメリカのNPO、NGOは「寄付金」などの制度設計がしっかり支えていることもあって、日本とは比較にならないくらい活動も活発である。組織数自体も多く、また規模が大きい団体も数多く見受けられる。そこで働く人たちを観察してみると、法務、財務、会計の高度な知識を持ち、巧みな人材マネジメントを行っていることがよくわかる。日本でもNPO、NGO人材を育成する専門のプログラムがあれば、NPO、NGOの活動は質、量ともに大きく変わるはずである。

観光ジェロントロジーと同じように、都市郊外型の高齢者には、長年のキャリアの中で法務、財務、会計に関する基礎的な知識を身につけてきた人が多い。もう一度、NPO、NGOに運営を成功させる形でマネジメントを学び直すことで、それぞれの活動に寄与できるだけでなく、高齢者にとっては地域に密着した形での社会参画が可能になる。

私は、最低でも一人が一つのNPO、NGOに関わることが大切だと言い続けてきた。壮年期の仕事が「カセギ」（経済生活のための活動）のためだとすれば、高齢者の仕事は「ツトメ」（社会的貢献）のためのものへと昇華すべきだと考えるからである。

NPO、NGOへの参加は大変意味のある選択の一つなのである。ジェロントロジーの柱として、NPO、NGO人材の育成のプログラムづくりを考えていくべきだろう。

資料編

資料編では、本編での記述に対するより深い理解への一助となるよう、統計データを用いた現状把握・考察や、海外におけるジェロントロジーに関する進展について紹介する。

（一財）日本総合研究所
ジェロントロジー研究タスクフォース

1. 都市郊外地域（多摩市・春日部市）の人口変化〜第1、2章関連資料

第1章において、「異次元の高齢化」は都市郊外における高齢化に特徴づけられることを示した。中でも、現在の国道一六号線沿いの都市郊外型団地に注目したい。

かつて首都圏の企業に勤務していたサラリーマンが定年退職を迎え、高齢者の割合が高くなっているエリアであり、単身世帯（独居老人）の増加が想定されている。ここでは、その典型的な例として東京都多摩市と埼玉県春日部市を取り上げ、その人口変化について概観する。

東京都多摩市は、一九九四年に公開された映画『平成狸合戦ぽんぽこ』（スタジオジブリ、高畑勲監督）で描かれた多摩ニュータウン（一九七一年に入居開始）があり、高度経済成長期に人口が流入した地域である。

二〇一五年の国勢調査では、人口は約一四万七〇〇〇人、うち六五歳以上の高齢者の割合は二六・五％で、四人に一人が高齢者の市となっている。日本全国の六五歳以上人口の割合は二六・六％のため、ほぼ同じ数字である。

次に、多摩市の将来人口推計について確認する（図1）。「日本の地域別将来推計人口（平成三〇年推計）」（国立社会保障・人口問題研究所）によると、二〇四五年の多摩市の人口は約一二・二万人となり、二〇一五年から約一七％減少する。

高齢者の割合は、四〇・七％になると推計されており、二〇一五年から約一四ポイント増加する。二〇四五年の日本全体の高齢者の割合は、三六・八％と予想されており、日本全体を上回るスピードで高齢化が進んでいく。

次いで、埼玉県春日部市にある武里団地（一九六六年に入居開始）をとり上げる。アニメ『クレヨンしんちゃん』の舞台であることで有名な市であるが、この市も都市郊外型の高齢化が予想されている。

二〇一五年の春日部市の人口は約二三・三万人で、六五歳以上の高齢者の割合は約二八・一％となっており、すでに日本全国の高齢者の割合を上回っている（国勢調査）。

次に、春日部市の将来人口推計について確認する（図2）。「日本の地域別将来推計人口

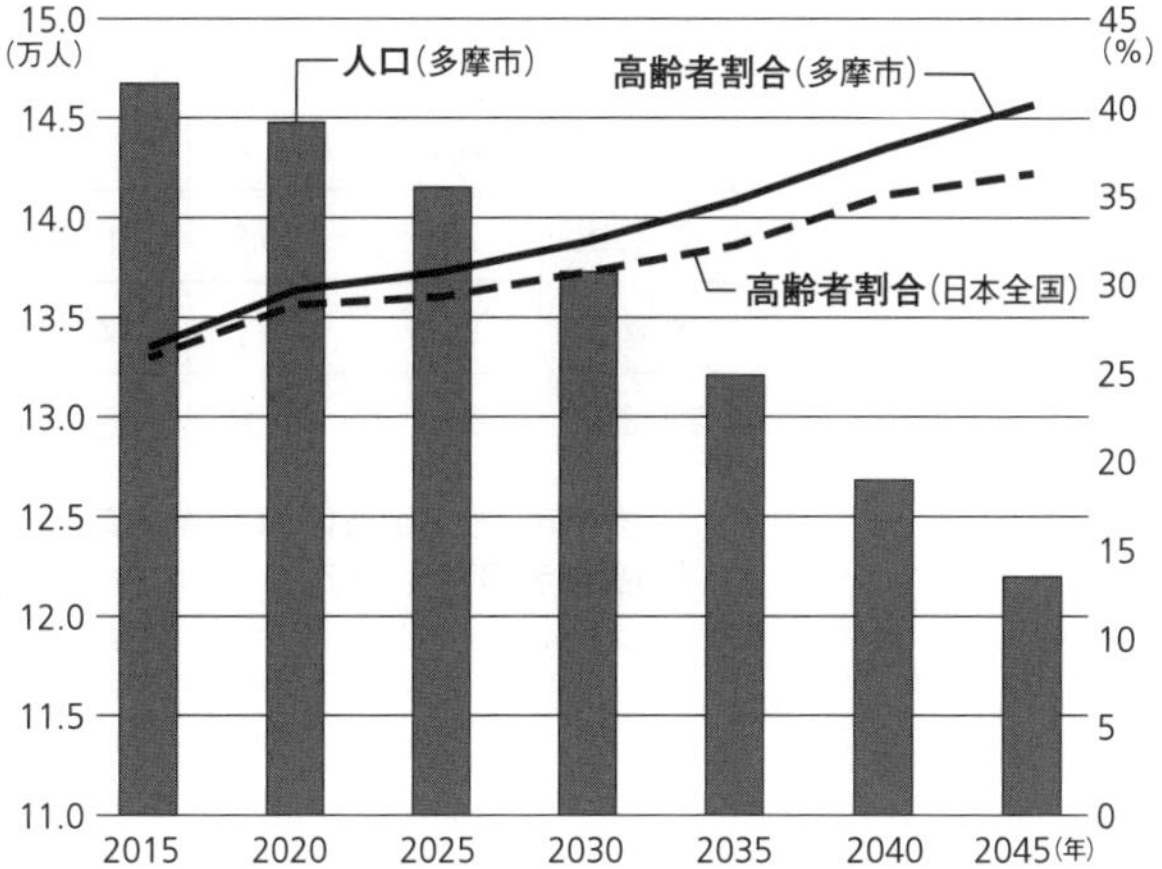

図1　多摩市の将来人口予測

出典:「日本の地域別将来推計人口(平成30（2018)年推計)」

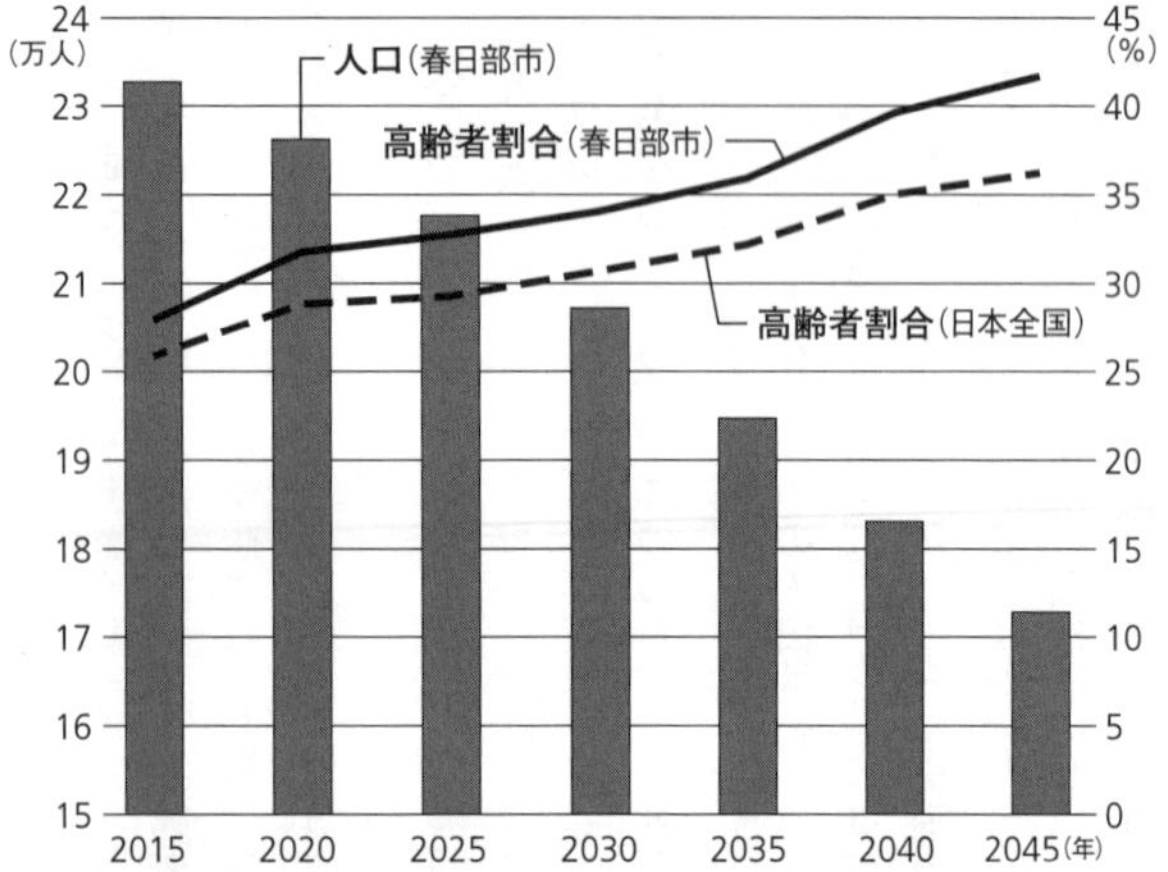

図2　春日部市の将来人口予測
出典:「日本の地域別将来推計人口(平成30（2018)年推計)」

	2015年	2045年	増　減
全　国	26.6	36.8	10.2
多摩市	26.5	**40.7**	**14.2**
春日部市	28.1	**41.8**	**13.7**

図3　多摩市と春日部市における総人口に対する高齢者の割合(%)

（平成三〇（二〇一八）年推計）」によると、二〇四五年の春日部市の人口は約一七・三万人となり、約二五％減となる。

また、高齢者の割合は約四一・八％と推計されており、約一二ポイント伸びることが予想されている。春日部市では、三〇年かけて人口の四人に一人がいなくなり、残った市民の五人に二人が高齢者となっていく。

このように、日本の「工業生産力モデル」を支えたサラリーマンが集住した都市郊外で、特に一九六〇～七〇年代に入居開始した大きな住宅団地を抱える地域では、日本全国を上回る高齢化や、それに伴う独居老人の増加が想定される（図3）。

2．NPOの現状～第5章関連資料

本書では、高齢者にとっての社会参加活動のプラットフォームとして、「一人ひとつのNPO」を提唱している。本節では、NPOの現状や高齢者によるNPO活動への参加実態について把握する。

(1)NPO法人数と活動内容の現状

まず、NPO全体の現状について概観する。

NPOはかつて任意団体として活動していたが、一九九五年の阪神淡路大震災で延べ一三〇万人のボランティアが活躍したことを契機に、法人化が必要とされる動きが生まれた。

そして一九九八年三月に「特定非営利活動促進法(NPO法)」が成立、同年一二月に施行されて以来、認証NPO法人数は一貫して増加しており、二〇一七年三月末では五万一八七二団体となっている(図4)。

次に、NPO法人が行っている活動内容について把握する(図5)。

最も多いのは「保健、医療又は福祉の増進を図る活動」で三万五二二七件、次いで、「社

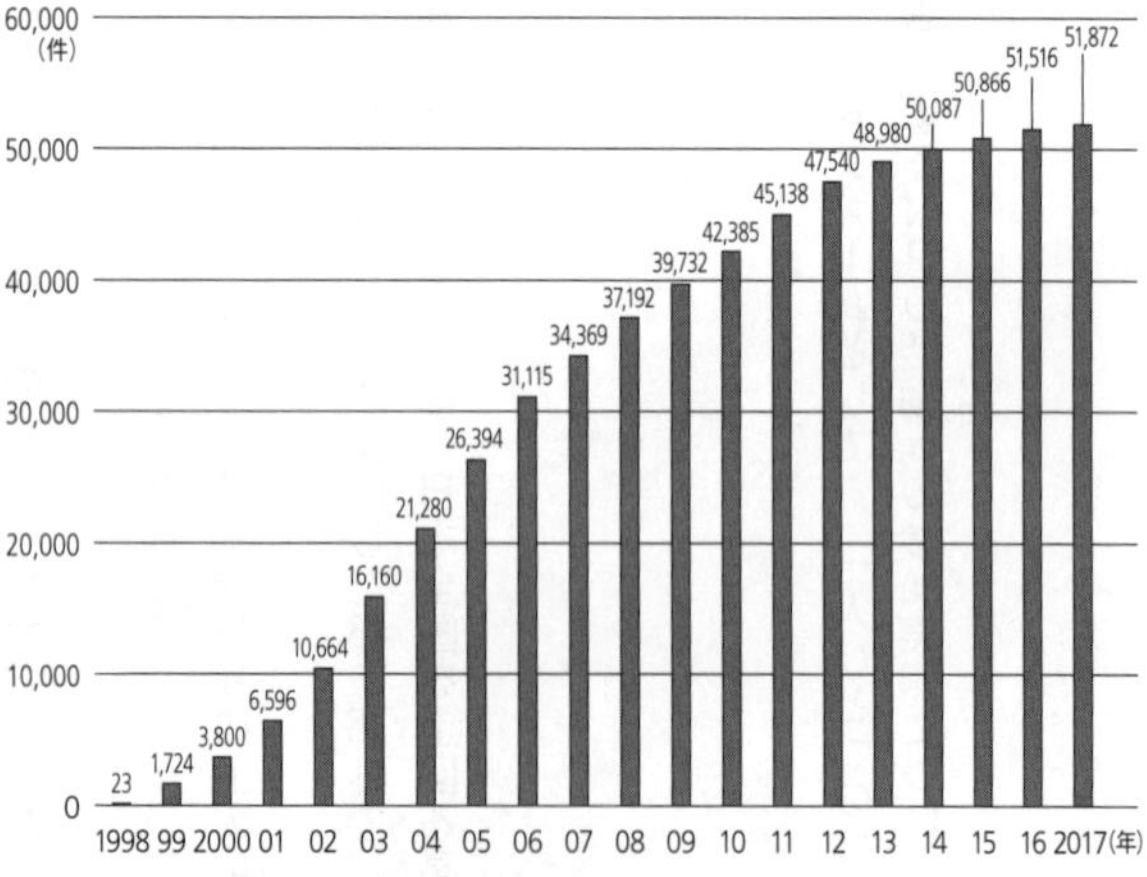

図4　認証NPO法人数の推移

出典:内閣府NPOホームページ「認証・認定数の推移」

会教育の推進を図る活動」が二万五一七四件であった。三番目に多いのは「前各号に掲げる活動を行う団体の運営又は活動に関する連絡、助言又は援助の活動」、つまり特定非営利活動を行う団体の活動を支援するＮＰＯ法人である。

ＮＰＯ法人の活動を支援する活動とは、資金援助や助言や団体間の連絡・調整等が該当する。

このような活動を行

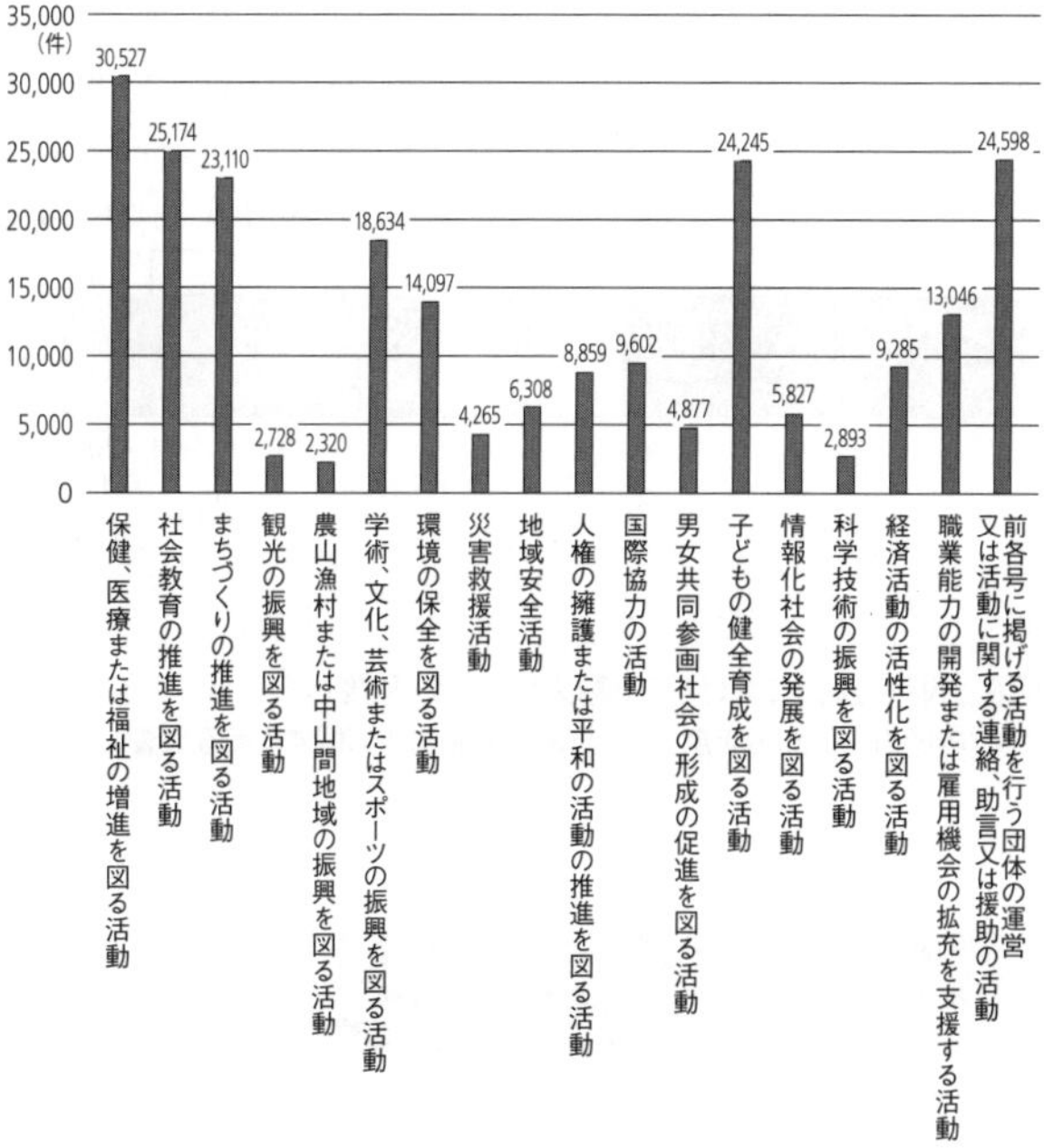

図5　活動分野別にみたNPO法人数（2013年）

出典：内閣府NPOホームページ「特定非営利活動法人の活動分野について（平成30年3月31日現在）」

うNPO法人があることで、その他のNPO法人は協働事業の実施や運営基盤の安定が可能となっており、NPO活動全体の活性化にも寄与している。本書で提唱している「一人ひとつのNPO」を促進していく際には、このようなNPO法人の役割がさらに大きくなっていくものと考えられる。

(2) 高齢者によるNPO活動の現状

内閣府が実施した「平成二九年度 特定非営利活動法人に関する実態調査」では、NPO法人における六五歳以上の「職員」の人数を把握することができる(図6)。

その結果、四割以上のNPO法

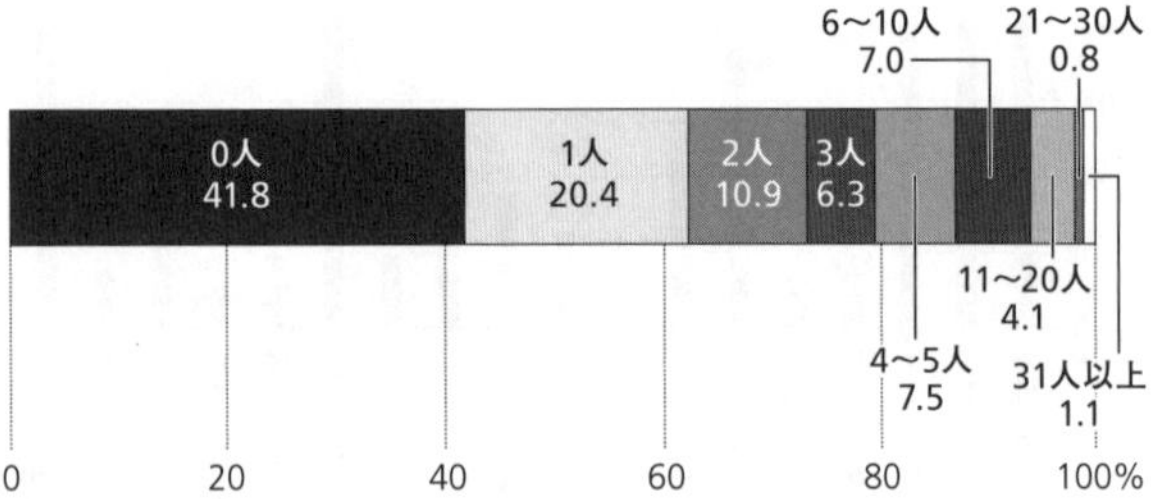

図6　NPO法人における65歳以上職員の人数
出典:内閣府「平成29年度 特定非営利活動法人に関する実態調査」

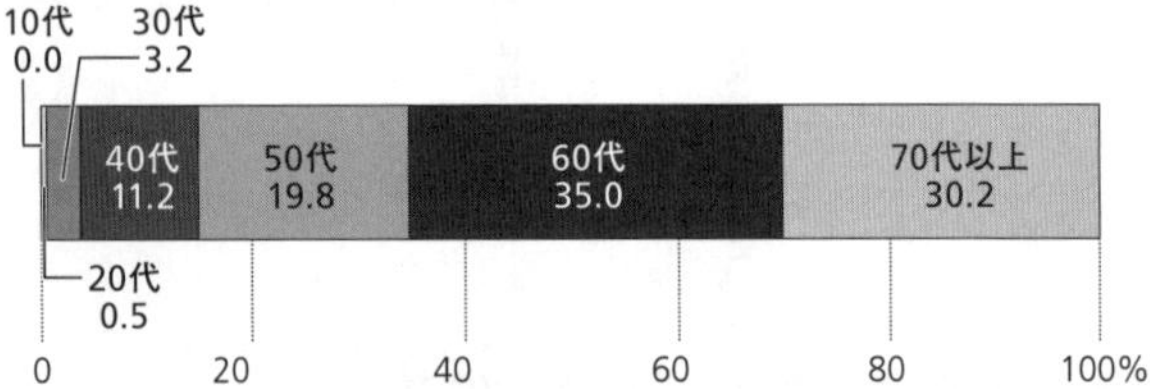

図7　NPO法人代表者の年齢
出典:内閣府「平成29年度 特定非営利活動法人に関する実態調査」

人が六五歳以上の職員は「〇人」であると回答しており、最も高い割合を占めている。高齢者の職員が「〇〜三人」であるNPO法人が全体の約八割というのが現状である。

また、NPO法人の「代表者」の年齢についても把握できる（図7）。最も高い割合を占めるのは「六〇代」、次いで「七〇代」であった。現状ではNPO法人代表者の六割以上を六〇歳以上が占めていることが分かる。

これらのデータから、現状ではNPO法人に「職員」として勤務している高齢者は少ないが、「代表者」として活動している人は比較的多いことが把握できる。

今後は、高齢者がこれまでに蓄積してきた経験・知見・人脈等を活用し、積極的に社会貢献を行うための一つの「公器」としてNPO法人が位置付けられる必要がある。

3．海外におけるジェロントロジー研究（紹介）

世界各国にジェロントロジー学科を持つ大学が存在しているが、特に米国では先行的な研究が進められている。

また、欧州では、欧州連合（EU）内での教育機会の不均衡を是正するために、EuMag（European Masters in Gerontology）と呼ばれるプログラムが形成されている。欧米以外の国では、例えばイスラエルではジェロントロジー研究が進んでおり、我が国の目指すべき将来像を検討する際の参考になり得る。

本項では、先行的な研究が進められている米国を対象としたウェブ・文献・資料等の調査に加え、二〇一八年六月に実施した現地での基礎調査を通じて得られた最新情報を紹介する。

(1) 米国におけるジェロントロジー研究の経緯と特徴

米国ではフランクリン・ルーズベルト大統領のニューディール政策の一環として福祉政策を拡充する一方で、高齢者が過度に社会保障に依存することを避け、「民主導」での取組を促進させていった経緯がある。

さらに、一九六五年の「高齢者に関する法律」を機に、ジェロントロジー研究が推進され、「民主導」の思想は現在も続いている。今後日本における異次元の高齢化社会に対してどのように立ち向かうか等の構想を民間セクター（医療・健康、福祉、教育、住宅、金融・保険等）が主体的に考え出す際に、最も参考となる国の一つと考えられる。

民間セクターと共に米国では大学等の研究・教育機関が果たしている役割も大きい。最も初期に設置された、南カリフォルニア大学（USC）ジェロントロジー学部（レオナード・デイビス）をはじめ、マサチューセッツ工科大学（MIT）はテクノロジーとの関連、ブランダイス大学は公共政策との関連等、各大学の強みとジェロントロジー学をリンクさせているのが特徴的である。

今回、現地での基礎調査の一環としてUSCジェロントロジー学部を訪問し、ピンカス・コーエン学部長をはじめ複数の教授陣、卒業生らとの面談を行い、同大学における研究の特徴や社会への人材供給の実態等の観点から最新情報を収集した。次節以降にその概要を紹介する。

(2) 南カリフォルニア大学(USC)ジェロントロジー学部

① 沿革・理念

同学部は一九七五年に設立され、現在でも当該分野における先端的機関の一つである。同学部の理念は、「研究、教育、実践におけるリーダーシップとイノベーションを通じて、多様な個人、コミュニティおよび社会の健全な高齢化を促進すること」である。

② 研究プログラム

右記理念のもと、同学部では、生物学や心理学、社会学、政治学、医学といった多岐にわたる見地から、人々の生涯に関する学際的な研究（multi-disciplinary）を行っている。

特に、生物学、神経科学、社会学および公共政策学の分野においては、国際的にも高く評価されている。人文・社会科学系と自然科学系の研究室が一つの研究棟に集約されているため、研究者同士が刺激しあえる環境となっており、異なる分野がクロスして新しい学問研究が生まれやすい土壌となっている。

現在研究されているテーマとして、家族学、住環境、長期的支援等のサポート、高齢者に対する虐待に関する研究などがある。

③教育プログラム

同学部の強みとして、先に挙げた調査・研究の環境が整備されているとともに、教育プログラムが充実していることが挙げられる。

同学部には二つの学部課程、五つの修士課程及び二つの博士課程がある。二〇一八年春現在、五五三名の学生が在籍している（学部八五名、修士課程四二二名、博士課程四六名）。なお、学士号、修士号および「Ph. D（博士号）」にとどまらず、「minor（学士副専攻プログラム）」、「certificate（学士号保持者が一定のジェロントロジー関連単位を取得の場合に認定）」、「dual degree（大学院における二領域専攻）」なども取得できる。学生の男女比率においては、女性が七五％以上を占めている。留学生も全体の三七％を占める。

修士課程については所属する学生の割合が最も多い。年齢層は大きく分けて、学部卒後の二〇代前半と四〇～五〇代が概ね半々ずつである。また、通学を伴わないオンラインでの履修も可能であり、学生一人ひとりの目的・ニーズに沿ったプログラムが提供されている。そのほとんどが仕事をしながら受講している社会人である。

さらに、ライブの授業にオンラインを利用して授業に参加することも可能であり、双方向のシステムが整っている。そのため、ディスカッションや担当教員への質疑等を行うことができる。

さらに同学部は教育プログラムについて、日本の山野学苑をはじめ、シンガポール・南洋理工大学（ＮＴＵ）や台湾大学などといった世界各国の教育機関と提携をしており、それぞれのニーズに応じたプログラムを作り上げている。

④卒業後の進路について

ＵＳＣの卒業生のうち、博士号取得者は、大学等の研究機関に所属しさらなる研究活動に従事することが多い。一方で、学士号取得者は、そのまま同学部の修士課程に進学するか、その他の政治学、法学、社会福祉学、医学等のプロフェッショナル・スクールへの進学または健康福祉分野の職に就くことが多い。

修士号取得者は、多方面の分野で活躍している。様々な分野において、ディレクターや管理者等のマネジメントをする立場に就くことが多く、今回の調査では高齢者住宅関連企業の代表を務める卒業生と面談する機会を得た。その他にも金融、保険、不動産開発、行政、弁護士等の卒業生がおり、幅広い分野で活躍している。

同学部では、卒業後の就業を視界に入れて、在学中にインターンシップのコーディネートを行っている。面談を行った卒業生の企業でも、同学部のインターンシップを受け入れており、四〇～五〇代および退職世代に対しても積極的に採用している。

当該世代への「再教育（re-education）」を通じて「新たなキャリア（encore career）」を再発見することは重要と考え、学んだ知識等を社会に還元するためにインターンシップを経て、満足のいく就職先をマッチングさせることに力を入れている。

今後、それぞれの活動分野におけるジェロントロジー学の活用状況や、人材育成から社会活動に還元していく仕組みを詳細に把握していくことが、日本が迎える異次元の高齢化社会を支える人材像を描き出す際の参考となろう。

⑤資格制度と社会・産業への応用

最後に、USCへのヒアリングにおいて情報提供のあった、ジェロントロジーに関する資格制度と、ジェロントロジー学の社会・産業への応用例について紹介する。

まず、資格には、全米職業ジェロントロジスト協会（NAPG）によるものがある。NAPGでは、修得したジェロントロジーのプログラムのレベルを認定する試験を実施している。

次に、ジェロントロジー学の応用の一例として情報提供のあったのは、現在米国で行われている「エビデンスベース・ヘルスプロモーション・プログラム」という取組である。同プログラムは、これまでのジェロントロジー研究（特に医療・健康分野）の蓄積と実証データに基づき、各州や医療機関、大学等が協力の上、高齢者の健康促進や病気予防を目的に実施されている。

今後は、右記の医療・健康分野への取組について詳細に調査するとともに、住宅や金融・保険、教育といった様々な産業への応用状況について調査を深めていくことが、日本の社会・産業にジェロントロジー学を応用していく上で重要な示唆となり得る。

あとがき――ジェロントロジー研究協議会の立ち上げに向けて

本書において展開してきた問題意識に基づいて、本格的かつ体系的なジェロントロジー研究を進めるために「ジェロントロジー研究協議会」を立ち上げることにした。高齢化社会のあり方を探究することとは、人間社会総体を問うことであり、ジェロントロジー研究も、おのずと体系的全体知が求められる。様々な分野の専門知を体系化し、高齢化社会における「参画のプラットフォーム」を創造する試みに挑戦してみたい。

私が会長を務める一般財団法人日本総合研究所は、これまでも社会福祉士の養成のための教育プログラムを通じて、累計六六六一人の資格取得者を育ててきた。これは、一般養成施設における合格者数として、一四年連続で日本一という実績である。

また、厚生労働省などからの受託研究という形で高齢化社会に関する調査研究（参照、巻末の「高齢化社会に関する調査研究（日本総合研究所受託）代表事例」）を積み上げてきた。この日本総合研究所を事務局として、私自身が協議会の研究主査となって活動を取りまとめることにしたい。

協議会に参画してもらう中核主体としては、大都市郊外型の大学として、文部科学省の研究ブランディング事業に採択され「都市郊外の高齢化に大学が果たすべき役割」を探求している多摩大学、「美齢学」を掲げ、南カリフォルニア大学との連携など、実績を積み上げている山野正義氏率いる山野学苑など多様なアカデミズム、労働界のシンクタンクである連合総研、東大医科研の医師などを中心にする「保健・医療パラダイムシフト推進協議会」などがある。そして、ジェロントロジーに強い問題意識を共有する企業として、みずほHD、カネカ、FANCL、NTTドコモ、日本ユニシス、凸版印刷、三井物産、東急グループなどを予定している。

また、私が主宰する「全国戦略経営塾」に参加している約一五〇社の中堅企業の経営者なども巻き込んでいきたい。当然のことながら「産官学」の連携を模索し、経済産業省、農林水産省、国土交通省、厚生労働省や地方公共団体などの参画・支援を得ていきたい。

戦後なる時代を七〇有余年生きてきた我々日本人は、歴史上かつてない経済的に豊かで、安定した平和な時代を生きていることになる。そして、七〇余年がつくりだした象徴的存在が「都市郊外型の高齢者」なのである。この存在を、次なる異次元高齢化の局面で、社会の創造的参画者にできるか否かが重要なのである。

昭和二〇年八月一五日、つまりアジア太平洋戦争に敗戦した日、かの河上肇《かわかみはじめ》は次のような歌を詠んでいる。

大いなる　饅頭蒸して　ほほばりて　茶を飲む時も　やがて来るらむ

饅頭をたらふく食えることが幸福だった時代が、七〇年前に、間違いなくあったのである。

また、一〇歳で「終戦」を迎えた寺山修司は、戦後なる状況をみつめながら、「マッチ擦る　つかのま　海に霧ふかし　身捨つるほどの　祖国はありや」と詠んだ。日本の戦後を多感に生きた若者の絵空事ではない心情が映し出された歌であろう。

曲折を経ながらも、ひたすらに戦後なる時代を生きた人たちが、今「異次元の高齢化社会」の中核を占めつつある。かつてない長寿社会を実現しつつも、しかも史上例のないような物質的には豊穣の時代を生きながらも、なぜか心は漠然たる不安に襲われているというのが、多くの高齢者の現実であろう。

イブ・ヘロルドの『超人類の時代へ』（原題"Beyond Human"二〇一六年、ディスカバー21）は示唆的である。最先端医療テクノロジーによって「不老不死」が現実となるとき、アンチ・エイジング科学時代が本格的に訪れたとき、人間社会が新しいルールを必要とするという問題意識は極めて重要であり、ジェロントロジーの進路もまさに「ニュー・ルール」を模索するものだといえる。

ただ「長寿社会」を実現すればよいというものではない。「生きる」ということの意味を見つめ、人間の本質を探究し、高齢化社会にむけての社会システムの再設計に挑戦しなければならないのである。ジェロントロジーの道は遠く、緒に就いたばかりである。多くの人たちとともにこの研究を深めていきたい。再言するまでもないが、ジェロントロジーは「老年学」ではなく、若者に希望を与えるものでなくてはならない。社会システムを安定させ、戦後なる日本の帰結ともいえる「都市郊外型高齢化」に立ち向かい、参画のプラットフォームを拡充することは、次に来る世代に展望と活力を与えることでもあるのだ。

九段下の寺島文庫にて

二〇一八年七月

寺島　実郎

「知の再武装」のためのブックガイド

ビッグヒストリー〜宇宙史から生命史へ

・『ビッグヒストリー入門　科学の力で読み解く世界史』デヴィッド・クリスチャン著／渡辺政隆訳　WAVE出版　二〇一五年
・『ビッグヒストリー　われわれはどこから来て、どこへ行くのか　宇宙開闢から138億年の「人間」史』デヴィッド・クリスチャンほか著／長沼毅監修／石井克弥ほか訳　明石書店　二〇一六年
・『無限の始まり　ひとはなぜ限りない可能性をもつのか』デイヴィッド・ドイッチュ著／熊谷玲美、田沢恭子、松井信彦訳　インターシフト　二〇一三年
・『138億年宇宙の旅』クリストフ・ガルファール著／塩原通緒訳　早川書房　二〇一七年
・『宇宙が始まる前には何があったのか?』ローレンス・クラウス著／青木薫訳　文春文庫　二〇一七年
・『宇宙になぜ我々が存在するのか』村山斉　ブルーバックス　二〇一三年
・『宇宙創成　上・下』サイモン・シン著／青木薫訳　新潮文庫　二〇〇九年
・『生命40億年全史　上・下』リチャード・フォーティ著／渡辺政隆訳　草思社文庫　二〇一三年
・『せいめいのれきし　改訂版』バージニア・リー・バートン著／いしいももこ訳　岩波書店　二〇一五年
・『生命と地球の歴史』丸山茂徳、磯﨑行雄著　岩波新書　一九九八年

人類史

・『サピエンス全史　文明の構造と人類の幸福　上・下』ユヴァル・ノア・ハラリ著／柴田裕之訳　河出書房新社　二〇一六年
・『人類進化の700万年　書き換えられる「ヒトの起源」』三井誠　講談社現代新書　二〇〇五年
・『人類の足跡10万年全史』スティーヴン・オッペンハイマー著／仲村明子訳　草思社　二〇〇七年
・『人類5万年文明の興亡　なぜ西洋が世界を支配しているのか　上・下』イアン・モリス著／北川知子訳　筑摩書房　二〇一四年
・『銃・病原菌・鉄　一万三〇〇〇年にわたる人類史の謎　上・下』ジャレド・ダイアモンド著　倉骨彰訳　草思社文庫　二〇一二年
・『日本人はどこから来たのか？』海部陽介　文藝春秋　二〇一六年
・『ヒトはいつから人間になったか』リチャード・リーキー著／馬場悠男訳　草思社　一九九六年

グローバルヒストリー

・『グローバル・ヒストリーとは何か』パミラ・カイル・クロスリー著／佐藤彰一訳　岩波書店　二〇一二年
・『世界史　上・下』ウィリアム・H．マクニール著／増田義郎、佐々木昭夫訳　中公文庫　二〇〇八年
・『世界史の構造』柄谷行人　岩波現代文庫　二〇一五年

・『地中海I～V（普及版）』フェルナン・ブローデル著／浜名優美訳　藤原書店　二〇〇四年
・『近代世界システムI～IV』I・ウォーラーステイン著／川北稔訳　名古屋大学出版会　二〇一三年
・『文明の衝突　上・下』サミュエル ハンチントン著／鈴木主税訳　集英社文庫　二〇一七年
・『歴史の終わり　歴史の「終点」に立つ最後の人間　上・下』フランシス フクヤマ著／渡部昇一訳　三笠書房　二〇〇五年
・『21世紀の歴史　未来の人類から見た世界』ジャック・アタリ著／林昌宏訳　作品社　二〇〇八年
・『国際秩序』ヘンリー・キッシンジャー著／伏見威蕃訳　日本経済新聞出版社　二〇一六年
・『増補新版　資本主義の世界史1500－2010』ミシェル・ボー著／筆宝康之、勝俣誠訳　藤原書店　二〇一五年
・『負債論　貨幣と暴力の五〇〇〇年』デヴィッド・グレーバー著／酒井隆史監訳　以文社　二〇一六年
・『大中華圏　ネットワーク型世界観から中国の本質に迫る』寺島実郎　NHK出版　二〇一二年
・『中東・エネルギー・地政学　全体知への体験的接近』寺島実郎　東洋経済新報社　二〇一六年
・『ユニオンジャックの矢　大英帝国のネットワーク戦略』寺島実郎　NHK出版　二〇一七年
・『ひとはなぜ戦争をするのか　脳力のレッスンV』寺島実郎　岩波書店　二〇一八年

江戸時代における知の基盤

・『大学・中庸』金谷治訳注　岩波文庫　一九九八年

・『論語』金谷治訳注　岩波文庫　一九九九年
・『孟子 上・下』小林勝人訳注　岩波文庫　一九六八年
・『詩経・楚辞』牧角悦子　角川ソフィア文庫　二〇一二年
・『儒教とは何か　増補版』加地伸行　中公新書　二〇一五年
・『玉くしげ・秘本玉くしげ』本居宣長著／村岡典嗣校訂　岩波文庫　一九三四年

日本近代史

・『日本近代史』坂野潤治　ちくま新書　二〇一二年
・『明治維新　1858-1881』坂野潤治／大野健一　講談社現代新書　二〇一〇年
・『ある明治人の記録　会津人柴五郎の遺書　改版』石光真人編著　中公新書　二〇一七年
・『一外交官の見た明治維新　上・下』アーネスト・サトウ著／坂田精一訳　岩波文庫　一九六〇年
・『日清・日露戦争　シリーズ日本近現代史〈3〉』原田敬一　岩波新書　二〇〇七年
・『大正デモクラシー　シリーズ日本近現代史〈4〉』成田龍一　岩波新書　二〇〇七年
・『蹇蹇録』陸奥宗光　中公クラシックス　二〇一五年
・『それでも、日本人は「戦争」を選んだ』加藤陽子　朝日出版社　二〇〇九年
・『戦争まで　歴史を決めた交渉と日本の失敗』加藤陽子　朝日出版社　二〇一六年
・『昭和史　1926-1945』半藤一利　平凡社ライブラリー　二〇〇九年

・『あの戦争は何だったのか　大人のための歴史教科書』保阪正康　新潮新書　二〇〇五年
・『日本人の戦争観　戦後史のなかの変容』吉田裕　岩波現代文庫　二〇〇五年
・『東京裁判　上・下』児島襄　中公新書　一九七一年
・『若き日本の肖像　一九〇〇年、欧州への旅』寺島実郎　新潮文庫　二〇一四年
・『二十世紀と格闘した先人たち　一九〇〇年アジア・アメリカの興隆』寺島実郎　新潮文庫　二〇一五年

生命科学・脳科学

・『DNA　二重らせんの発見からヒトゲノム計画まで　上・下』ジェームス・D.ワトソンほか著／青木薫訳　ブルーバックス　二〇〇五年
・『ゲノム編集の衝撃　「神の領域」に迫るテクノロジー』NHK「ゲノム編集」取材班　NHK出版　二〇一六年
・『利己的な遺伝子　四〇周年記念版』リチャード・ドーキンス著／日高敏隆ほか訳　紀伊國屋書店　二〇一八年
・『エピジェネティクス　新しい生命像をえがく』中野徹　岩波新書　二〇一四年
・『チンパンジーはなぜヒトにならなかったのか　99パーセント遺伝子が一致するのに似ても似つかぬ兄弟』ジョン・コーエン著／大野晶子訳　講談社　二〇一二年

・『現実を生きるサル　空想を語るヒト　人間と動物をへだてる、たった2つの違い』トーマス・ズデンドルフ著／寺町朋子訳　白揚社　二〇一四年
・『動物の賢さがわかるほど人間は賢いのか』フランス・ドゥ・ヴァール著／松沢哲郎監訳、柴田裕之訳　紀伊國屋書店　二〇一七年
・『若い読者のための第三のチンパンジー　人間という動物の進化と未来』ジャレド・ダイアモンドほか著／秋山勝訳　草思社文庫　二〇一七年
・『意識はいつ生まれるのか　脳の謎に挑む統合情報理論』マルチェッロ・マッスィミーニ、ジュリオ・トノーニ著／花本知子訳　亜紀書房　二〇一五年
・『フューチャー・オブ・マインド　心の未来を科学する』ミチオ・カク著／斉藤隆央訳　NHK出版　二〇一五年
・『進化しすぎた脳　中高生と語る〈大脳生理学〉の最前線』池谷裕二　ブルーバックス　二〇〇七年
・『年をとるほど賢くなる「脳」の習慣』バーバラ・ストローチ著／池谷裕二監修・解説／浅野義輝訳　日本実業出版社　二〇一七年

AI

・『決定版　2001年宇宙の旅』アーサー・C・クラーク著／伊藤典夫訳　ハヤカワ文庫SF　一九九三年

・『シンギュラリティは近い　人類が生命を超越するとき』レイ・カーツワイル　NHK出版　二〇一六年
・『人工知能は人間を超えるか　ディープラーニングの先にあるもの』松尾豊　角川EPUB選書　二〇一五年
・『人工知能と経済の未来　2030年雇用大崩壊』井上智洋　文春新書　二〇一六年
・『ビッグデータの正体　情報の産業革命が世界のすべてを変える』ビクター・マイヤー＝ショーンベルガーほか著／斎藤栄一郎訳　講談社　二〇一三年
・『ビッグデータと人工知能　可能性と罠を見極める』西垣通　中公新書　二〇一六年
・『IoTで激変する日本型製造業ビジネスモデル』大野治　日刊工業新聞社　二〇一六年

宗教

・『宗教とは何か』テリー・イーグルトン著／大橋洋一、小林久美子訳　青土社　二〇一〇年
・『宗教を生みだす本能　進化論からみたヒトと信仰』ニコラス・ウェイド著　依田卓巳訳　NTT出版　二〇一一年
・『日本宗教史』末木文美士　岩波新書　二〇〇六年
・『日本仏教史　思想史としてのアプローチ』末木文美士　新潮文庫　一九九六年
・『仏教』第二版　渡辺照宏　岩波新書　一九七四年
・『仏教、本当の教え　インド、中国、日本の理解と誤解』植木雅俊　中公新書　二〇一一年

・『ブッダの真理のことば感興のことば』中村元　岩波文庫　一九七八年
・『ブッダ入門』中村元　春秋社　二〇一一年
・『南無阿弥陀仏　付・心偈』柳宗悦　岩波文庫　一九八六年
・『別冊NHK100分de名著　集中講義　大乗仏教　こうしてブッダの教えは変容した』佐々木閑　NHK出版　二〇一七年
・『唯識の思想』横山紘一　講談社学術文庫　二〇一六年
・『神々の明治維新　神仏分離と廃仏毀釈』安丸良夫著　岩波新書　一九七九年
・『寺院消滅　失われる「地方」と「宗教」』鵜飼秀徳　日経BP社　二〇一五年
・『一神教の誕生　ユダヤ教からキリスト教へ』加藤隆　講談社現代新書　二〇〇二年
・『ユダヤ教の誕生　「一神教」成立の謎』荒井章三　講談社学術文庫　二〇一三年
・『キリスト教の歴史』小田垣雅也　講談社学術文庫　一九九五年
・『イエスの生涯』遠藤周作　新潮文庫　一九八二年
・『イスラム教入門』中村広治郎　岩波新書　一九九八年
・『イスラーム文化　その根柢にあるもの』井筒俊彦　岩波文庫　一九九一年

コミュニティ・社会参加・農業

・『コミュニティを問いなおす　つながり・都市・日本社会の未来』広井良典　ちくま新書　二〇〇九年

・『コミュニティデザインの時代　自分たちで「まち」をつくる』山崎亮　中公新書　二〇一二年
・『サードプレイス　コミュニティの核になる「とびきり居心地よい場所」』レイ・オルデンバーグ著／忠平美幸 訳　みすず書房　二〇一三年
・『「人間国家」への改革　参加保障型の福祉社会をつくる』神野直彦　NHKブックス　二〇一五年
・『社会的共通資本』宇沢弘文　岩波新書　二〇〇〇年
・『小さくて強い農業をつくる』久松達央　晶文社　二〇一四年
・『半農半Xという生き方　決定版』塩見直紀　ちくま文庫　二〇一四年
・『フルサトをつくる　帰れば食うに困らない場所を持つ暮らし方』伊藤洋志、pha　ちくま文庫　二〇一八年

高齢化社会に関する調査研究（日本総合研究所受託）代表事例

- 地域の高齢者の社会参加と生きがいづくりを通じた地域展開のあり方に関する調査（2014～2016年度　厚生労働省老人保健健康増進等事業）
- 地域包括ケアシステムの構築及び地域医療構想の実現に向けて、養護老人ホーム・軽費老人ホームが求められている役割や効果的な支援のあり方に関する調査研究事業（2017年度　厚生労働省老人保健健康増進等事業）
- 介護保険事業計画・高齢者保健福祉計画策定支援業務（1998年度～　地方自治体）
- 地域における成年後見制度※の利用に関する相談機関や地域ネットワーク構築等の体制整備に関する調査研究事業（2017年度　社団法人）

  ※成年後見制度とは、精神上の障害（知的障害、精神障害、認知症など）により判断能力が十分でない方が不利益を被らないように 家庭裁判所に申立てをして、その方を援助してくれる人を付けてもらう制度。
- 住宅確保要配慮者※の居住支援に係る調査検討業務（2017年度　財団法人）

  ※低額所得者や被災者、高齢者、障がい者、子育て世帯等の中には、一定の収入があっても保証人が確保できない、あるいは騒音等の各種トラブルや孤立死・緊急時対応等への不安がある等の理由により、民間賃貸住宅の賃貸借契約締結が困難になる場合もある。

寺島実郎 てらしま・じつろう
1947年北海道生まれ。
(一財)日本総合研究所会長、多摩大学学長。
著書に『脳力のレッスンI~V』『シルバー・デモクラシー』
(以上、岩波書店)、『世界を知る力』(PHP新書)、
『中東 エネルギー 地政学』(東洋経済新報社)、
『大中華圏』『ユニオンジャックの矢』『新・観光立国論』
(以上、NHK出版)など多数。

NHK出版新書 560

ジェロントロジー宣言
「知の再武装」で100歳人生を生き抜く

2018(平成30)年8月10日 第1刷発行

著者 寺島実郎 ©2018 Terashima Jitsuro
発行者 森永公紀
発行所 NHK出版
〒150-8081東京都渋谷区宇田川町41-1
電話 (0570) 002-247(編集) (0570) 000-321(注文)
http://www.nhk-book.co.jp (ホームページ)
振替 00110-1-49701

ブックデザイン albireo
印刷 壮光舎印刷・近代美術
製本 ブックアート

本書の無断複写(コピー)は、著作権法上の例外を除き、著作権侵害となります。

落丁・乱丁本はお取り替えいたします。定価はカバーに表示してあります。

Printed in Japan ISBN978-4-14-088560-4 C0236

NHK出版新書好評既刊

古生物学者、妖怪を掘る
鵺の正体、鬼の真実
荻野慎諧
鬼、鵺、河童……古文献を「科学書」として読むと、怪異とされたものたちは、全く異なる姿をあらわす!? 科学の徒が本気で挑む知的遊戯。
556

脳を守る、たった1つの習慣
感情・体調をコントロールする
築山 節
60代を過ぎて老年期を迎えた脳は「鍛える」のではなく「守る」もの。「1日1頁、5分書くだけ」で、脳の機能は維持することができる!
557

こうして知財は炎上する
ビジネスに役立つ13の基礎知識
稲穂健市
五輪、アマゾン、いきなり!ステーキ、漫画村……。身近な最新事例で複雑化する知的財産権の現状と「トラブルの防ぎ方」が学べる実践的入門書!
558

藤田嗣治《フジタ》がわかれば絵画がわかる
布施英利
日本人として初めて西洋で成功した破格の画家・藤田嗣治。その作品世界の全貌を3つのキーワードで追い、絵画美術の普遍の見方を導く。
559

ジェロントロジー宣言
「知の再武装」で100歳人生を生き抜く
寺島実郎
自分と社会を変えていく学問「ジェロントロジー」。なぜ必要なのか? どう身に付けるべきか? 知の巨匠による、新・学問のすすめ。
560